*The future depends on
what we do in the present.*

미래는 현재 우리가 무엇을 하고 있는가에 달려 있다.

누워서 떠먹는
중학영어 VOCA 2

누워서 떠먹는 중학영어 VOCA ③

초판 1쇄 발행 | 2018년 6월 18일

기획·구성 | 장진우
펴낸곳 | 함께북스
펴낸이 | 조완욱

등록번호 | 제1-1115호
주소 | 412-230 경기도 고양시 덕양구 행주내동 735-9
전화 | 031-979-6566~7
팩스 | 031-979-6568
이메일 | harmkke@hanmail.net

ISBN 978-89-7504-690-2 978-89-7504-688-9(세트) 54740

누워서 떠먹는
중학영어 VOCA 2

기획·구성 장진우

함께
BOOKS

이 책을 기획 구성한 장진우 선생님이 주위 선생님들께
누워서 떠먹는 **중학영어** **VOCA**를 평가해달라고 부탁하였다.
결과, 각 선생님들의 추천사를 소개한다.

　이 책은 철저히 '배우는 학생'의 입장에서 구성된 책이다.
나를 포함하여 영어 단어를 공부하다가 어려움을 겪어본 학
생들이라면 누구나 한 번쯤 꿈꾸어보았을 법한, 영어 공부에
최적화된 단 한 권의 책이다.

김재원, 서울대학교 경제학과

　영어 단어를 떠올리면, 두렵고 막막한 생각이 먼저 드는
것이 사실이다. 하지만 이 책은 방대한 양의 영어 단어 중에
서 시험에 잘 나오지 않는 것들은 과감히 삭제하였다. 어렵
기만 한 단어가 아닌, 중학생이라면 반드시 알아야 할 필수
단어들만 선정하여 영어실력이 향상될 수 있도록 구성되어
있다. 영어 공부를 했던 사람이라면 누구나 원할만큼 굉장히
매력적인 책이다.

조민기, 연세대학교 경영학과

이 책은 영어 단어를 외우는 것이 지루하다는 편견을 완전히 무너뜨린다. 시험에 나오는 필수 어휘들로 구성되어 있을 뿐만 아니라, 어떻게 단어를 외워야 하는가에 대한 구체적인 방법론까지 제시하고 있다. 영어 단어의 기초를 튼튼히 해야 하는 중학생은 물론, 수능을 준비하는 수험생들에게도 큰 도움을 줄 수 있는 책이다.

신재영, 고려대학교 국제학부(DIS)

　영어 공부를 하나의 집 짓기에 비유할 때, 어휘는 집을 짓기 위해서는 가장 기초를 이루는 벽돌과도 같습니다. 집을 완성하기 위해서 필요한 양의 벽돌이 부족하거나, 집의 구조와 맞지 않는 벽돌만 잔뜩 쌓여있다면 완벽하게 집을 완성할 수 없는 것과 같이 어휘량이 부족하거나 교과과정에서 벗어난 어휘들만 공부한다면 수준 높은 영어 실력을 갖는 것은 불가능한 일입니다.

　이 책은 최근 중학교 교과과정을 모두 반영하여 중학생이 반드시 알아야 할 필수 어휘들로 구성되어있습니다. 이 책에는 이상적인 어휘의 실력 향상을 위해서 각 단어의 뜻이 비슷하여 헷갈리기 쉬운 유의어와 반대의 뜻을 지닌 반의어를 각 단어와 함께 기록하여 단어 하나를 외우면 유의어와 반의어가 저절로 숙지되는 효과가 있습니다. 또한 방대한 양의 어휘를 모두 외우는 것이 아니라, 성적 향상에 도움이 되는 단어들을 중요한 순서대로 외우는 것이 중요합니다. 학생들은 어제 공부한 단어가 오늘 배우는 교과서에 나옴으로써 자연스럽게 반복하는 효과를 누릴 뿐만 아니라, 내신 시험에서 성적이 향상되는 좋은 결과를 얻을 수 있을 것입니다.

발음기호 익히기

[f] ㅍ
윗니를 아랫입술 안쪽에 가볍게 된 다음 밀어서 공기를 내보내는 마찰음이다.
㉠ fare(운임), grandfather(할아버지), telephone(전화)

[k] ㅋ
파열음 'k'는 입천장에 닿는 혀 부분이 목안 쪽으로 들어가 발음한다.
㉠ keep(지키다), kind(친절한), car(차), sky(하늘), walk(걷다)

[p] ㅍ
위아래 입술을 단순히 떼었다 붙였다 해서 내는 양순음으로 윗니를 입술 속
으로 넣지 말고 파열시키자.
㉠ police(경찰), potato(감자), airport(공항), newspaper(신문)

[s] ㅅ
맞닿은 윗니와 아랫니 바로 안쪽 뒤에 혀끝을 대고 공기를 내보내는 마찰음
이다.
㉠ Sunday(일요일), instead(대신에), outside(바깥에)

[t] ㅌ/ㅊ
혀끝을 입천장에 살짝 되서 내는 소리. ts, tz가 되면 'ㅊ'로 발음된다.
㉠ tell(말하다), grant(주다) / Pittsburgh(피츠버그), Yangtze(양쯔)

[θ] ㅆ
치아 사이로 혀를 내밀어 마찰시켜 내는 소리이다.
㉠ thousand(천), anything(어떤 것), birthday(생일), mouth(입)

[ŋ] ㅇ
비음 'ŋ'은 혀의 뒷부분을 들어 목젖 부분에 대고 공기의 흐름을 막은 다음
입술을 앞으로 내밀면서 내는 콧소리 발음이다.
㉠ hunger(굶주림), monkey(원숭이), ring(반지)

[ʃ] 쉬
입술을 앞으로 내밀면서 내는 마찰음이다.
㉠ push(밀다), wash(닦다)

[tʃ] 처/취
파찰음 'tʃ'는 입술을 앞으로 나오게 하면서 발음한다.
㉠ church(교회), picture(그림)

누워서 떠먹는 중학영어 VOCA 투명 색지 사용 방법

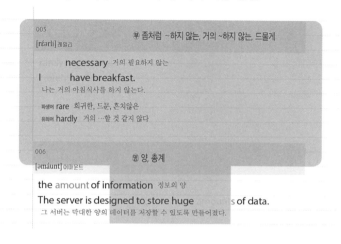

누워서 떠먹는 중학영어 VOCA를 효과적으로 공부하기 위해서는

① 누워서 떠먹는 중학영어 VOCA에서 제공하는 투명 색지를 활용해서 뜻을 가린 뒤에 영어 단어를 소리 내어 읽으며 모르는 단어를 체크합니다.

② 누워서 떠먹는 중학영어 VOCA 20개의 단어를 학습한 후에는 완전한 단어 숙지를 했는지 테스트하는 과정으로 구성하였습니다. 스스로의 실력으로 빈칸을 작성합시다.

③ 누워서 떠먹는 중학영어 VOCA를 학습하며 잘 외어지지 않는 단어는 따로 모아서 밑에 '메모(memo)'란에 적어두고, 자투리 시간을 활용해서 3번 연속으로 체크된 단어를 틈틈이 반복해서 공부합니다.

이와 같이 누워서 떠먹는 중학영어 VOCA를 공부한다면, 최소한의 시간을 투자해서 최대의 효과를 얻을 수 있을 것입니다. 누워서 떠먹는 중학영어 VOCA가 여러분의 성적에 날개를 달아주기를 바랍니다.

001 **blend**
[blend] 블렌드

[명] 혼합
[동] 섞다, 섞이다

blend milk and flour 우유와 밀가루를 섞다

Different blends of coffee are on sale.
다양한 혼합커피가 세일 중이다.

[유의어] mix 혼합하다, 섞다

002 **zone**
[zoun] 존

[명] 지역, 구역, 존

the industrial zone 공업 지구

A German college opened its campus in the free economic zone.
경제자유구역에 한 독일대학이 개교를 했다.

[유의어] area 지역, 분야, 영역
region 지역, 지방

003 **Japanese**
[dʒæ̀pəníːz] 재퍼니즈

[형] 일본의, 일본인의, 일본어의
[명] 일본인, 일본어

Japanese culture 일본 문화

Many Japanese like to watch Korean dramas.
많은 일본인들이 한국 드라마 보는 것을 좋아한다.

004 **sample**
[sǽmpl] 샘플

[명] 견본, 샘플
[동] 맛보다, 표본 조사를 하다

a sample of the goods 제품의 견본

Can you send me your handwriting samples?
저에게 필적 샘플을 보내주실 수 있으세요?

[유의어] example 예, 본보기, 사례

MEMO

005 **rarely**
[réərli] 레얼리

🕪 좀처럼 ~하지 않는, 거의 ~하지 않는, 드물게

rarely **necessary** 거의 필요하지 않는

I rarely **have breakfast.**
나는 거의 아침식사를 하지 않는다.

파생어 rare 희귀한, 드문, 흔치않은
유의어 hardly 거의 …할 것 같지 않다

006 **amount**
[əmáunt] 어마운트

🕪 양, 총계

the amount **of information** 정보의 양

The server is designed to store huge amounts **of data.**
그 서버는 막대한 양의 데이터를 저장할 수 있도록 만들어졌다.

007 **romantic**
[roumǽntik] 로맨틱

🕪 낭만의, 로맨틱한

one of the greatest romantic **films** 가장 위대한 로맨틱 영화 중 하나

The cook is far from romantic.
그 요리사는 낭만과는 거리가 멀다.

반의어 classical 고전의, 클래식의, 전통적인
파생어 romance 로맨스, 연애, 낭만

008 **outdoors**
[àutdɔ́ːrz] 아웃도어즈

🕪 문밖의
🕪 바깥에서, 문 밖에서, 옥외로

designed for use outdoors 옥외 사용을 위해 설계된

Thomas is exercising outdoors.
토마스가 야외에서 운동을 하고 있다.

파생어 door 문, 현관, 출입구
   indoors 실내에서, 집안에서

🔴 MEMO

009 dense
[dens] 덴스   형 촘촘한, 조밀한, 밀집한

dense forests 촘촘한 숲들

The area is dense with restaurants.
그 지역은 음식점이 밀집해 있다.

반의어 **sparse** 부족한, 희박한, 빈약한

010 gadget
[gǽdʒit] 개짓   명 기계 장치

the ability to fix gadgets 기계 장치를 고치는 능력

This gadget was still broken.
이 장치는 망가진 채 있었다.

파생어 **gadgety** 기계 만지기를 좋아하는
유의어 **device** 장치, 기기, 기구

011 solution
[səlúːʃən] 설루션   명 해결책, 해법, 솔루션, 용액

several solutions 몇몇 해결책들

Only recycling is not able to be the best solution.
재활용만으로는 최선의 해결책이 될 수 없다.

파생어 **solve** 해결하다, 풀다, 해소하다
     solutionist 해답자

012 pride
[praid] 프라이드   명 자부심, 자만, 긍지

national pride 국민적 자부심

She takes pride in her work of making bread.
그녀는 제빵 일에 자부심을 느낀다.

반의어 **humility** 겸손, 비하
파생어 **pridefully** 교만한, 건방진

🍃 MEMO

013 complex
[kəmpléks] 콤플렉스

⑧ 복잡한, 복합의
⑨ 복합체, 콤플렉스, 단지

complex ideas 복잡한 생각들

Her biggest complex is her small eyes.
그녀의 가장 큰 콤플렉스는 작은 눈이다.

반의어 simple 간단한, 단순한, 쉬운
파생어 complexity 복잡함, 난이도

014 cab
[kæb] 캡

⑨ 택시

bigger than cabs 택시보다 더 큰

A cab will be here soon.
택시가 곧 이곳에 도착할 것이다.

015 grain
[grein] 그레인

⑨ 낱알, 곡식, 알갱이

many small grains 많은 작은 알갱이들

Birds are eating grain.
새들이 곡식을 먹고 있다.

파생어 grainless 알갱이가 없는
유의어 cereal 곡식, 곡류

016 digital
[dídʒitəl] 디지털

⑧ 디지털의
⑨ 디지털

digital photos 디지털 사진들

This digital camera is more fashionable.
이 디지털 카메라가 더 멋있다.

반의어 analog 아날로그

● MEMO

017 steamship
[stí:mʃìp] 스팀쉽   몡 증기선, 기선, 상선

a Canadian steamship   캐나다 증기선

The Chinese arrived aboard a steamship.
중국인들이 증기선을 타고 도착했다.

018 overall
[óuvərɔ́:l] 오버롤   혱 전체의
               퇹 전체적으로

overall **quality**   전체적인 품질

Overall, he is a good leader.
전체적으로 보아 그는 좋은 지도자이다.

유의어 whole   전체, 모든, 전부

019 interrupt
[ìntərʌ́pt] 인터럽트   동 방해하다, 저지하다, 가로막다

interrupt **the view**   시야를 막다

The sound of heavy footsteps interrupted **her sleep.**
무거운 발소리들이 그녀의 수면을 방해했다.

파생어 interruption   방해, 중단, 장애
       uninterrupted   연속적인, 끊임없는

020 function
[fʌ́ŋʃən] 펑션   몡 기능, 역할, 작동
               동 작용하다, 기능하다

the educational function **of English**   영어의 교육적 기능

The camera doesn't function **well.**
카메라가 제대로 작동이 되지 않는다.

파생어 functional   기능성의, 작동하는
       functionally   기능상

● MEMO

스스로의 힘으로 작성해 봅시다.

	English	Korean
01	amount	
02	blend	
03	cab	
04	complex	
05	dense	
06	digital	
07	function	
08	gadget	
09	grain	
10	interrupt	
11	Japanese	
12	outdoors	
13	overall	
14	pride	
15	rarely	
16	romantic	
17	sample	
18	solution	
19	steamship	
20	zone	

● MEMO

021 **trumpet** 명 트럼펫, 나팔

[trʌ́mpit] 트럼핏

seem to hear a trumpet-like sound 트럼펫 같은 소리를 들은 것 같다

Prof. Adams learned to play the trumpet.
아담스 교수는 트럼펫 연주법을 배웠다.

022 **successful** 형 성공한, 성공적인, 출세한

[səksésful] 썩세스풀

a highly successful speaker 매우 성공한 연사

Everybody treats me like a successful man.
모든 사람들은 나를 성공한 사람으로 취급한다.

파생어 success 성공, 성과, 성공한 사람
succeed 성공하다, 뒤를 잇다

023 **twinkle** 명 반짝거림
동 반짝이다

[twíŋkl] 트윙클

twinkle like a firefly 반딧불처럼 반짝이다

He saw stars twinkling in the night sky.
그는 밤하늘에 반짝이는 별들을 보았다.

유의어 glitter 반짝반짝 빛나다, 반짝이다

024 **resource** 명 자원, 재원

[rí:sɔːrs] 리쏘얼스

human resources 인적자원

Resource development is really important.
자원개발은 참으로 중요하다.

파생어 resourceful 자원이 풍부한, 재치 있는

● MEMO

025 **expand**
[ikspǽnd] 익스팬드

동 확장하다, 확대하다, 늘리다

expand one's knowledge 지식을 늘리다

The company is trying to expand its Asian market.
그 회사는 아시아 시장을 확대하려고 하고 있다.

파생어 expansion 확장, 확대, 팽창
　　 expansive 팽창성 있는, 광범위한

026 **fossil**
[fásl] 파슬

명 화석, 시대에 뒤진 사람

fossil energy 화석 에너지

The fossil remains were found in May.
화석 잔해가 5월에 발견되었다.

파생어 fossilize 화석화하다
　　 fossiliferous 화석을 함유한

027 **dumb**
[dʌm] 덤

형 말 못하는, 벙어리의, 우둔한, 멍청한

a dumb animal 말 못하는 짐승

Why did his dumb son play soccer in rain?
왜 그의 멍청한 아들이 빗속에서 축구를 했을까?

파생어 dumbness 벙어리임
　　 dumbly 말없이, 묵묵히

028 **tone**
[toun] 톤

명 말투, 어조, 톤, 색조, 상태
동 조율하다

a conversational tone 대화하는 말투

Don't speak to him in that tone of voice.
그런 말투로 그에게 말하지 마.

파생어 tonal 음색의, 색조의

● MEMO

029 **cosmetic** [형] 화장품의, 미용의, 성형의 , 겉치레에 불과한
[kazmétik] 카즈메틱 [명] 화장품, 겉치레, 눈속임

cosmetic surgery 성형 수술

Do you want luxury cosmetic products?
명품 화장품을 원하세요?

030 **hill** [명] 언덕, 작은 산, 동산
[hil] 힐

the clouds above the hill 언덕 위의 구름들

A schoolhouse is located on the hill.
교사(校舍)가 언덕 위에 자리 잡고 있다.

유의어 fell 언덕

031 **holy** [형] 신성한, 성스러운, 종교상의
[hóuli] 홀리

a holy day 신성한 날

She went into the temple, the most holy place.
그녀는 가장 신성한 장소인 사원으로 들어갔다.

파생어 holiness 신성함
holily 신성하게, 경건하게

032 **briefcase** [명] 서류 가방
[brí:fkèis] 브리프케이스

the briefcase containing £90,000 9만 파운드가 들어 있는 서류 가방

I can't find my briefcase down somewhere.
어딘가에 내려놓은 내 서류 가방을 찾을 수 없다.

MEMO

033 **hurrah**
[hərɑ́:] 허라이   (감) 만세

cheer the flag, crying Hurrah! Hurrah! 만세! 만세! 하고 기에 환호하다

The players cried out, "Hurrah! We won!"
선수들은 "만세! 우리가 이겼다!"하고 외쳤다.

034 **contaminate**
[kəntǽminèit] 컨테미네이트   (동) 오염시키다, 더럽히다

contaminate **a river with sewage** 하수로 강을 오염시키다

Even the air around you was contaminated.
나의 주변 공기도 오염이 되었다.

파생어 contaminator 오염시키는 것
파생어 contaminative 오염시키는, 오탁성의

035 **quick**
[kwik] 쿽
(형) 빠른, 신속한
(부) 빨리, 재빨리, 신속하게

our quick **service** 우리의 신속한 서비스

I wish your quick **recovery.**
귀하의 빠른 회복을 빕니다.

반의어 slow 느린, 늦은, 늦추다
파생어 quickly 빠르게

036 **sled**
[sled] 슬레드
(명) 썰매
(동) 썰매를 타다

a sled **dog** 썰매 끄는 개

During the winter vacation, we would often go sledding.
겨울방학 동안 우리는 종종 썰매 타러 가곤 했다.

● MEMO

037 **bet**
[bet] 벳

(명) 내기

(통) 내기 걸다, 확실하다

bet 10 dollars on the team 그 팀에 10달러를 걸다

I bet many can't quit smoking.
담배 끊지 못하는 사람들이 확실히 많이 있어.

유의어 gamble 도박하다, 내기를 하다

038 **internationally**
[ìntərnǽʃənəli] 인터내셔널리

(부) 국제적으로, 세계적으로

became successful internationally 세계적으로 성공을 거두게 되었다

They are doing business internationally.
그들은 국제적으로 사업을 운영하고 있다.

파생어 international 국제적인, 국제의, 국제간의
nation 국가, 나라, 국민

039 **extensive**
[iksténsiv] 익스텐시브

(형) 넓은, 광범위한, 대규모의, 광대한

an extensive area 광대한 지역

They showed the extensive development areas on TV.
그들은 TV화면을 통해 광범위한 개발 지역을 보여주었다.

반의어 intensive 집중적인, 강도 높은, 집약적인
파생어 extend 확장하다, 연장하다, 늘리다

040 **ingredient**
[ingrí:diənt] 인그리디언트

(명) 구성요소, 성분, 재료

the ingredients found in sand 모래에서 발견된 성분들

Kimchi topped the list of food ingredient exports.
김치가 식재료 수출에서 1위를 차지했다.

유의어 component 구성 요소, 성분

● MEMO

20

스스로의 힘으로 작성해 봅시다.

	English	Korean
01	bet	
02	briefcase	
03	contaminate	
04	cosmetic	
05	dumb	
06	expand	
07	extensive	
08	fossil	
09	hill	
10	holy	
11	hurrah	
12	ingredient	
13	internationally	
14	quick	
15	resource	
16	sled	
17	successful	
18	tone	
19	trumpet	
20	twinkle	

MEMO

041 **aboard**
[əbɔ́ːrd] 어볼드

(부) 배로, 승선하여, 탑승하여
(전) 타고, 안으로

go aboard 탑승하다

Welcome aboard **the KAL.**
대한 항공에 탑승하신 걸 환영합니다.

파생어 **board** 판자, 널

042 **bold**
[bould] 볼드

(형) 대담한, 용감한
(명) 굵은 활자체

a bold **plan** 대담한 계획

It is bold **to sleep in class.**
수업 중에 자는 것은 대담하다.

파생어 **boldness** 대담, 뱃심, 배짱
    boldly 대담하게, 뻔뻔스럽게

043 **package**
[pǽkidʒ] 패키지

(명) 소포, 포장지, 패키지

a special holiday package 특별 휴일 패키지 상품

The package **takes them to a zoo in the city.**
패키지 여행에는 시의 동물원을 돌아보는 것도 포함돼 있다.

파생어 **pack** 싸다, 꽉 들어찬
    packaging 포장, 짐꾸리기

044 **absolutely**
[ǽbsəlúːtli] 앱쁠루틀리

(부) 절대적으로, 완전히, 정말로, 틀림없이

absolutely **impossible** 절대로 불가능한

He made it absolutely **clear.**
그가 틀림없이 그것을 분명히 했어.

유의어 **completely** 완전히, 완벽하게
    perfectly 완전히, 완벽하게

● MEMO

045 recession
[riséʃən] 리세션 ⑱ 경기침체, 불경기, 불황

a continuous recession 계속되는 불황

Korea has recovered from the 2009 recession.
한국은 2009년의 경기침체에서 벗어났다.

유의어 downturn 하락, 내림세, 하강

046 prairie
[préri] 프레어리 ⑱ 초원, 평원

a big ox on the prairie 초원위의 큰 황소

There are few trees on the prairies.
대초원 지대에는 나무가 거의 없다.

047 hero
[híərou] 히어로 ⑱ 영웅, 주인공, 용사

make a hero of ~을 영웅으로서 대접하다

A hero is inside your heart.
영웅은 네 마음속에 있다.

반의어 heroine 여주인공, 여장부, 여걸
파생어 heroic 영웅적인, 용감무쌍한

048 dedicate
[dédikèit] 데디케이트 ⑧ 바치다, 헌신하다, 전념하다

dedicate one's life 목숨을 바치다

I have dedicated myself to studying English.
나는 영어 공부에 전념해왔다.

파생어 dedication 전념, 헌신

● MEMO

049 **textbook** 명 교과서
[tékstbùk] 텍스트북

the first lesson of the history textbook 역사 교과서의 제1과

Do you think she is a textbook writer?
그녀가 교과서 저자라고 생각하느냐?

파생어 textbookish 교과서식의

050 **incredible** 형 믿을 수 없는, 놀랄 만한
[inkrédəbl] 인크레더블

incredible wealth and happiness 믿을 수 없는 부와 행복

She got a really incredible score of 100.
그녀는 정말로 믿을 수 없는 점수 100점을 받았다.

파생어 incredibly 믿을 수 없을, 엄청나게
    credibility 진실성, 믿을 수 있음

051 **darkness** 명 어둠, 암흑
[dá:rknis] 달크니스

where there is darkness 어둠이 있는 곳에

The candle is lighting the darkness.
촛불이 어둠을 밝혀 주고 있다.

반의어 light 빛, 밝게하다
파생어 dark 어두운, 지다, 암흑, 어둠

052 **separate** 형 분리된, 별개의
[sépərit] 세퍼릿   동 [sépərèit] 분리하다, 떼어놓다

separate fighting two boys 싸우고 있는 두 소년을 떼어 놓다

These are separate questions.
그것은 각각 별개의 문제이다.

반의어 unite 통합하다, 단결하다, 통일하다
파생어 separately 별도로, 따로, 분리하여

● MEMO

053 appearance
[əpíərəns] 어피어런스
® 출현, 출연, 외모, 외관, 외견, 모양

make several television appearances 텔레비전에 출연하다

It was her first appearance on TV talk show.
그것은 그녀의 TV토크쇼 첫 출연이었다.

파생어 appear 나타나다, ~처럼 보이다, 출연하다
disappear 사라지다, 없어지다, 실종되다

054 bounce
[bauns] 바운스
® 튀어 오르기
® 튀게 하다

bounce off ~을 맞고 튕겨나가다

The ball bounced back from the wall.
공이 벽에 맞고 튀어나왔다.

파생어 bound 튀어 오르다

055 independence
[ìndipéndəns] 인디펜던스
® 독립, 자립

for the country's independence 나라의 독립을 위해

Korea got independence from Japan in 1945.
한국은 1945년에 일본으로부터 독립을 했다.

반의어 dependence 의존, 종속
파생어 independent 독립한, 무소속의, 독자적인

056 long
[lɔːŋ] 롱
® 긴, 오랜 ® 오래, 훨씬
® 오랜 시간

long before it was used 그것이 사용되기 훨씬 전에

She had long hair.
그녀는 긴 머리를 하고 있었다.

반의어 short 짧은, 단기의
파생어 length 길이

● MEMO

057 pound
[paund] 파운드

(명) 파운드(영국 화폐·중량의 단위)
(동) 두들기다

five pounds **of carrots** 당근 5파운드

He was pounding **the desk with a hammer.**
그가 망치로 책상을 두들기고 있었다.

058 incident
[ínsidənt] 인씨던트

(명) 사건, 사고

after the incident 그 사건 이후

A series of incidents **took place among middle school girls.**
여중생 관련 사고가 잇따라 발생했다.

파생어 incidence 발생률, 발생, 범위
　　　 incidentally 우연히, 덧붙여 말하자면

059 press
[pres] 프레스

(명) 인쇄(기), 신문, 언론, 압박
(동) 누르다

press **down the lid** 뚜껑을 내리누르다

The story was reported in the press **and on television.**
그 이야기는 신문과 텔레비전에 보도되었다.

파생어 pressure 압력, 압박, 부담
　　　 pressing 누르기, 긴급한, 시급한

060 brutal
[brú:tl] 부르틀

(명) 잔혹한, 악랄한, 무자비한

a brutal **fight** 잔혹한 싸움

Classroom conditions have become more brutal.
교실 상황이 점점 더 잔혹해 지고 있다.

파생어 brutally 야만스럽게, 난폭하게, 짐승처럼
유의어 cruel 잔혹한, 잔인한

● MEMO

26

스스로의 힘으로 작성해 봅시다.

	English	Korean
01	aboard	
02	absolutely	
03	appearance	
04	bold	
05	bounce	
06	brutal	
07	darkness	
08	dedicate	
09	hero	
10	incident	
11	incredible	
12	independence	
13	long	
14	package	
15	pound	
16	prairie	
17	press	
18	recession	
19	separate	
20	textbook	

● MEMO

061 dig
[dig] 디그

[동] 파다, 발굴하다, 캐내다

start digging a tunnel 터널을 파기 시작하다

The turtle digs a hole in the sand.
거북이가 모래 속에 구멍을 판다.

062 waist
[weist] 웨이스트

[명] 허리

a girl with a very slim waist 매우 날씬한 허리를 가진 소녀

He tied a black belt around his waist.
그는 자신의 허리 주위에 검은 띠를 둘러맸다.

063 illustrate
[íləstrèit] 일러스트레이트

[동] 설명하다, 삽화를 넣다

an illustrated textbook 삽화가 그려진 교과서

This helps you illustrate how Korean culture forms.
이는 한국문화의 형성방식을 설명하는데 도움을 준다.

파생어 illustration 삽화
illustrative 저명한, 걸출한

064 elegant
[éligənt] 엘리건트

[형] 우아한, 품격 있는

an elegant lady 우아한 숙녀

Her French sounds so elegant.
그녀의 불어는 아주 우아하게 들린다.

반의어 inelegant 우아하지 못한, 운치 없는, 멋없는
파생어 elegantly 우아하게, 고상하게

MEMO

065 **classic** [형] 고전적인, 클래식, 가장 훌륭한, 최고 수준의
[klǽsik] 클래식 [명] 고전, 명작

a classic novel 최고의 소설

"The Little Mermaid" became a classic fairy tale.
<인어공주>는 고전 동화가 되었다.

파생어 classical 고전의, 전통적인

066 **wage** [명] 급료, 임금
[weidʒ] 웨이지

get wages 임금을 받다

There will be no wage increases this year.
올해 임금 인상은 없을 것이다.

파생어 wageless 무급의, 무보수의

067 **condition** [명] 상태, 상황, 조건, 컨디션
[kəndíʃən] 컨디션

a condition where ~이라는 상황

Regular exercise can change a person's conditions.
규칙적인 운동은 개인의 컨디션을 바꿀 수 있다.

파생어 precondition 필수 조건, 전제 조건
conditioning 조절, 컨디션 조절

068 **summary** [형] 요약한, 개략의
[sʌ́məri] 써머리 [명] 요약, 개요

make a summary of ~을 요약하다

This summary is to help you understand grammar.
이 요약문은 문법을 이해하는 데 도움을 주기 위한 것이다.

파생어 summarize ~을 요약하다, 간략하게 말하다
summarization 요약, 짧게 줄여 말하는 것

MEMO

069 **ready** 형 준비된
[rédi] 레디

the best way to get ready for the exam 시험 준비의 최고 방법

She is ready to retire.
그녀는 은퇴를 준비하고 있다.

파생어 readiness 준비, 신속
readily 쉽게, 기꺼이

070 **cash** 명 현금
[kæʃ] 캐쉬

the companies lacking cash 현금이 부족한 기업들

Guests can pay with cash or credit card.
손님들은 현금 또는 신용카드로 지불할 수 있다.

파생어 cashable 현금으로 바꿀 수 있는

071 **breath** 명 숨, 호흡, 숨결
[breθ] 브레쓰

take a deep breath 숨을 깊이 들이 마시다

I was out of breath after running.
나는 뛰고 나니 숨이 찼다.

파생어 breathe 숨쉬다, 호흡하다
breathing 호흡, 한숨

072 **previous** 형 앞의, 이전의
[príːviəs] 프리비어스

a previous record 이전의 기록

His kindness made my previous stays enjoyable.
그가 친절해서 이전에 즐겁게 머물렀다.

파생어 previously 이전에, 과거에, 기존에
유의어 preceding 전의, 앞서는, 이전

● MEMO

30

073 bachelor

[bǽtʃələr] 배철럴

[명] 총각, 미혼 남자, 학사

the company's most popular bachelor 회사의 가장 인기 있는 총각

He gave a wild bachelor party.
그는 요란스럽게 총각파티를 열었다.

074 tube

[tjuːb] 튜브

[명] 통, 튜브, (런던의) 지하철

a tube of toothpaste 치약의 튜브

Sally filled the tube with water.
샐리는 통을 물로 가득 채웠다.

075 concentrate

[kánsəntrèit] 칸센트레이트

[동] 집중하다, 전념하다

concentrate on the African market 아프리카 시장에 집중하다

Her father let her concentrate on learning to paint.
그녀의 아버지는 그녀가 유화 학습에 집중하는 것을 허락하셨다.

파생어 concentration 농축, 집중
concentrated 집중된, 밀집한

076 corner

[kɔ́ːrnər] 코널

[명] 구석, 모퉁이, 코너

a hospital in the corner of Main Street 메인가 코너에 있는 병원

If you turn the corner, you will find my store.
코너를 돌면 제 점포를 볼 수 있을 것입니다.

MEMO

077 trailer
[tréilər] 트레일럴 　　명 트레일러, 이동 주택, 예고편

when the trailer arrived 트레일러가 도착했을 때

May I use your trailer tomorrow?
　내일 네 트레일러 써도 돼?

078 broadcast
[brɔ́:dkæ̀st] 브로드캐스트 　　명 방송
　　　　　　　　　　　　동 방송하다, 선전하다

the parade broadcast yesterday 어제 방송된 퍼레이드

He enjoys a live broadcast.
　그는 생방송을 즐긴다.

파생어 broadcaster 방송인, 방송 진행자
　　　　broadcasting 방송업

079 crop
[krap] 크랍 　　명 농작물, 작물, 곡물

crops growing on the hillside 언덕배기에서 자라는 농작물

A farmer is planting crops in the field.
　농부가 작물을 밭에 심고 있다.

080 during
[djúəriŋ] 듀어링 　　전 ~하는 동안에, ~중에

during the class 수업 중에

She left during the lecture.
　그녀는 그 강연 도중에 자리를 떠났다.

● MEMO

32

스스로의 힘으로 작성해 봅시다.

	English	Korean
01	bachelor	
02	breath	
03	broadcast	
04	cash	
05	classic	
06	concentrate	
07	condition	
08	corner	
09	crop	
10	dig	
11	during	
12	elegant	
13	illustrate	
14	previous	
15	ready	
16	summary	
17	trailer	
18	tube	
19	wage	
20	waist	

● MEMO

081 another
[ənʌ́ðər] 어나덜

® 또 하나의
⑭ 또 하나, 또 한 사람, 더

another piece of cake 또 한 개의 케이크

We waited for another three hours.
우리는 세 시간을 더 기다렸다.

082 helpful
[hélpful] 헬풀

® 도움이 되는

a helpful advice 도움이 되는 충고

That was not helpful to me.
그것은 내게 도움이 되지 않았다.

파생어 help 돕다, 도움, 도와주다
unhelpful 쓸모없는, 도움이 되지 않는

083 online
[ɔ́:nláin] 온라인

® 온라인의
⑭ 온라인으로

take classes online 온라인상으로 수업을 듣다

We took the online test on listening.
우리는 온라인으로 듣기 시험을 봤다.

반의어 off line 오프라인으로, 오프라인식의

084 slam
[slæm] 슬램

® 난폭하게 닫음, 쾅, 쿵
® 탕[쾅]하고 닫다

slam down the lid of the box 상자 뚜껑을 쾅 닫다

The door slammed shut.
문이 쾅 하고 닫혔다.

● MEMO

085 cleverly
[klévərli] 클레벌리

(부) 영리하게, 교묘하게

cleverly planned parades 교묘하게 계획된 행진들

My birthday was cleverly ready.
나의 생일날이 교묘하게 준비되었다.

파생어 clever 영리한

086 vote
[vout] 보트

(명) 투표
(동) 투표하다

be chosen by vote 투표로 선택되다

Dickson is going to vote for him.
딕슨이 그에게 투표할 것이다.

파생어 voter 유권자, 투표자
voting 투표, 선거

087 stair
[stɛər] 스테얼

(명) 계단, 층계

the stairs leading to the basement 지하실로 이어지는 계단들

He went down the stairs quickly.
그는 계단을 빨리 내려갔다.

088 deadline
[dédlàin] 데드라인

(명) 마감 시한, 마감일, 최종 기한, 데드라인

set a deadline for ~의 기한을 정하다

The deadline has been moved back a week.
마감일이 일주일이나 앞 당겨졌다.

● MEMO

089 spam
[spæm] 스팸

명 스팸, 스팸 메일

your spam folders 네 스팸폴더들

On average I receive 2 spam mails everyday.
평균적으로 나는 매일 2통의 스팸 메일을 받는다.

090 band
[bænd] 밴드

명 묶는 것, 끈, 띠, 악단, 한 무리, 한 떼, 주파대, 밴드
동 묶다

a band of horses standing still 가만히 서 있는 말떼

The size of the frequency bands is so important to them.
그들에게 있어 주파수 대역의 크기는 매우 중요하다.

091 veteran
[vétərən] 베터런

형 노련한
명 숙련가, 베테랑

a veteran teacher 노련한 선생님

Some veteran bankers work in these conditions.
일부 베테랑 행원들은 이와 같은 상황에서 일한다.

092 associate
[əsóuʃièit] 어소시에이트

명 동료, 제휴자
동 연상(聯想)하다, 관련지어 생각하다, 어울리다

associate closely 가깝게 어울리다

I always associate the smell of baking with my childhood.
나는 빵 굽는 냄새를 맡으면 항상 어린 시절이 연상된다.

파생어 association 협회, 관련, 연합
     associated 연관된, 관계가 있는

🫘 MEMO

36

093 **eraser**
[iréisər] 이레이절
㊔ 지우개

a rubber eraser 고무 지우개

This circle eraser handles all mistakes made in pencil.
이 동그란 지우개는 연필로 한 모든 실수를 처리한다.

파생어 erase 지우다

094 **pill**
[pil] 필
㊔ 알약

a bitter pill 쓴 약

He gave up his sleeping pills.
그는 수면제를 끊었다.

095 **cue**
[kju:] 큐
㊔ 신호, 단서, 사인, 큐

serve as a cue 하나의 단서 역할을 하다

The actor always comes out on cue.
배우는 언제나 어떤 신호에 의해 등장한다.

파생어 cueist 당구가

096 **gold**
[gould] 골드
㊔ 금

her Olympic gold medal 그녀의 올림픽 금메달

Since 1971 the country has exported gold.
1971년 이후로 그 나라는 금을 수출해 왔다.

MEMO

097 **sparkle**
[spáːrkl] 스파클

(명) 불꽃, 거품
(동) 번쩍이다, 불꽃을 튀기다, 반짝이다

the sparkle of the water 물의 반짝임

I love jewelry, sparkles and perfume.
나는 보석과 반짝거리는 것, 향수를 좋아한다.

유의어 glitter 반짝반짝 빛나다, 반짝이다

098 **portion**
[póːrʃən] 폴션

(명) 일부, 부분

a large portion of the land 땅의 상당 부분

Only a portion of the tongue is sensitive to sweet tastes.
혀의 일부만이 단 맛에 민감하다.

파생어 portionless 배당이 없는
유의어 part 부분, 일부, 지역

099 **trash**
[træʃ] 트래쉬

(명) 쓰레기

trash cans 쓰레기통들

Trash is piling up in the streets.
거리에 쓰레기가 쌓이고 있다.

유의어 junk 쓰레기, 가치없는
　　　garbage 쓰레기, 찌꺼기

100 **fan**
[fæn] 팬

(명) 팬, 열광적인 지지자, 부채, 송풍기

a folding fan 접는 부채

Eight million fans will attend games this year.
8백만 팬들이 올해 경기장을 찾을 것이다.

파생어 fanner 부채질하는 사람, 송풍기, 선풍기

● MEMO

스스로의 힘으로 작성해 봅시다.

	English	Korean
01	another	
02	associate	
03	band	
04	cleverly	
05	cue	
06	deadline	
07	eraser	
08	fan	
09	gold	
10	helpful	
11	online	
12	pill	
13	portion	
14	slam	
15	spam	
16	sparkle	
17	stair	
18	trash	
19	veteran	
20	vote	

● MEMO

101 observe

[əbzə́ːrv] 업절브

(동) 관측하다, 관찰하다, 목격하다, 준수하다, 말하다

carefully observed **the Moon** 조심스럽게 달을 관찰했다

They observed **him entering the bank.**
그들은 그가 은행에 들어가는 것을 목격했다.

파생어 observation 관찰, 관측, 감시, 주시
observable 식별[관찰]할 수 있

102 inject

[indʒékt] 인젝트

(동) 주입하다, 주사하다

be injected **against tetanus** 파상풍 예방 주사를 맞다

Barry injected **the ink by hand.**
배리는 손으로 잉크를 주입했다.

파생어 injection 주사
injectable 주사 가능한

103 investigate

[invéstigèit] 인베스티게이트

(동) 알아 보다, 조사하다, 수사하다

investigate **one's past** 과거를 조사하다

I started investigating **the royal families.**
나는 왕족들을 조사하기 시작했다.

파생어 investigation 조사, 연구, 수사
investigator 수사관, 조사자, 탐정

104 pyramid

[pírəmìd] 피러미드

(명) 피라미드

beside the pyramid 피라미드 옆에서

A pyramid **is displayed at a plaza.**
피라미드가 광장에 전시되어 있다.

● MEMO

105 quote
[kwout] 쿼우트

® 인용문
⑧ 인용하다, 견적하다

the price that you have quoted 귀사가 견적한 가격

Check quotes from the performer.
그 연기자가 인용한 말을 체크해라.

파생어 quotation 인용, 글귀, 어록

106 wrist
[rist] 리스트

® 손목, 팔목

a wrist watch 손목시계

He snaps his wrist to throw a ball.
그는 손목의 스냅을 이용하여 볼을 던진다.

107 assess
[əsés] 어세스

⑧ 평가하다, 부과하다

a good time for assessing her abilities 그녀의 능력을 평가할 적기

It is not easy to assess speaking.
말하기 평가는 쉽지 않다.

파생어 assessment 평가, 조사, 보고
　　　assessable 평가할 수 있는

108 fisherman
[fiʃərmən] 피셜맨

® 어부

Japanese fishermen 일본 어부들

Two fishermen are still missing.
어부 두 명이 여전히 실종 상태다.

파생어 fish 물고기

● MEMO

109 behavior

[bihéivjər] 비헤이비얼

® 행동, 거동, 행실, 품행, 태도

his stupid behavior 그의 어리석은 행동

Many changes in behavior happened to her.
그녀의 행동에 많은 변화가 일어났다.

파생어 behave 행동하다, 처신하다
    behaviour 처신, 행위, 행동

110 dolphin

[dɔ́:lfin] 돌핀

® 돌고래

intelligent dolphins 지능 높은 돌고래들

The dolphins are swimming freely.
돌고래들이 자유롭게 수영하고 있다.

111 stable

[stéibl] 스테이블

® 안정된
® 마구간, 외양간

stable growth 안정 성장

His position is considered to be stable.
그의 위치는 안정적이라 여겨진다.

반의어 unstable 불안정한, 변하기 쉬운
파생어 stability 안정, 안전

112 route

[ru:t] 룻트

® 길, 노정, 항로, 노선, 루트

the shortest bus route 최단 버스 노선

What's the shortest route to Seoul?
서울로 가는 가장 가까운 길이 어디입니까?

파생어 routing 여정, 절차의 결정

● MEMO

42

113 snack
[snæk] 스낵
®가벼운 식사, 간식, 스낵

a good snack for children 아이들에게 좋은 간식거리
This snack targets the teen crowd.
이 스낵은 십대가 대상이다.

114 prestige
[prestíːʒ] 프레스티지
®권위, 위신, 명성

damage a person's prestige 남의 명성을 손상시키다
The appointment will bring a great deal of prestige
그 지위는 대단한 명성을 안겨 줄 것이다.

유의어 **fame** 명성, 명예
　　honor 경의, 명예, 영광

115 push
[puʃ] 푸쉬
®밀기
⑧밀다, 누르다

push the gate open 문을 밀어서 열다
He is pushing the cart.
그는 카트를 밀고 있다.

반의어 **pull** 당기다, 끌다
파생어 **pushed** 밀렸다, 추진

116 lean
[liːn] 린
®야윈, 군살이 없는
⑧몸을 구부리다, 기대다, 기울다

lean forw 몸을 앞으로 구부리다
The tower is leaning dangerously.
그 탑은 위험하게 기울어져 있다.

반의어 **fat** 비만한, 뚱뚱한, 살찐
유의어 **slim** 날씬한, 호리호리한

● MEMO

117 dinosaur 명 공룡
[dáinəsɔ́ːr] 다이너소얼

the size of each dinosaur 각 공룡의 크기

The dinosaur on Earth disappeared.
지구상의 공룡이 사라졌다.

파생어 dinosaurian 공룡의

118 every 형 모든, 모두, 전, 매, 마다
[évri] 에브리

every book in this library 이 도서관의 모든 책

We are giving away a free coupon every week.
저희는 매주 무료 쿠폰을 주고 있습니다.

파생어 everyone 모든 사람, 모두, 누구든지
everything 모든, 모든 것, 모두

119 temple 명 사원, 절
[témpl] 템플

temples marking Buddha's Birthday 부처님 오신 날을 기념하는 절들

The temple is located in downtown Yongin.
그 사찰은 용인 시내에 위치해 있다.

120 individual 형 개인적인, 개별적인, 개인의
[ìndivídʒuəl] 인디비쥬얼   명 개인, 개성 있는 사람

individual life experiences 개별 인생 경험

The competition is open to both teams and individuals.
그 대회에는 팀별로도 참가할 수 있고 개인별로도 참가할 수 있다.

파생어 individually 개인적으로, 개별적으로, 각자에게
individuality 개성, 특성, 인격

● MEMO

44

스스로의 힘으로 작성해 봅시다.

	English	Korean
01	assess	
02	behavior	
03	dinosaur	
04	dolphin	
05	every	
06	fisherman	
07	individual	
08	inject	
09	investigate	
10	lean	
11	observe	
12	prestige	
13	push	
14	pyramid	
15	quote	
16	route	
17	snack	
18	stable	
19	temple	
20	wrist	

● MEMO

121 satellite
[sǽtlàit] 새틀라잇트 ⑱ 위성, 인공위성

a communications satellite 통신위성

There are dark animals in this photo taken by a satellite.
인공위성이 찍은 이 사진에 검은 동물들이 보인다.

파생어 satellitic 위성의

122 backbone
[bǽkbòun] 백보운 ⑱ 등뼈, 척추 근간, 중추

get one's backbone realigned 척추를 교정하다

Our students will become the backbone of the country.
우리 학생들은 나라의 중추가 될 것이다.

파생어 back 돌아가다, 뒤, 등
background 배경, 출신, 경력

123 lord
[lɔːrd] 롤드 ⑱ 군주, 영주, 주, 하느님

The Lord of the Rings 반지의 제왕

Don Quixote wants to live like a lord.
돈 키호테는 군주처럼 살고 싶어 한다.

파생어 lordly 잘난 체하는, 으스대는

124 conscience
[kánʃəns] 칸션스 ⑱ 양심, 가책, 도덕심

have some conscience as an educator 교육자로서의 양심이 있다

Sharon is a man of conscience.
샤론은 양심적인 사람이다.

파생어 conscientious 양심적인, 성실한
conscienceless 비양심적인, 파렴치한

● MEMO

46

125 humble
[hʌ́mbl] 험블
형 겸손한, 초라한, 비천한

a humble businessman 겸손한 사업가

Be humble enough to learn from your mistakes.
자신의 실수에서 겸손하게 배워라.

반의어 arrogant 오만한, 거만한
파생어 humbly 겸손하여, 황송하여

126 coal
[koul] 콜
명 석탄

the biggest coal power station 최대의 석탄 발전소

Coal will eventually run out.
석탄은 결국 바닥이 날 것이다.

파생어 coaly 석탄의[같은], 석탄이 많은

127 tissue
[tíʃuː] 티슈
명 조직, 화장지, 티슈

muscle tissue 근육 조직

Muscle is active tissue.
근육은 활성조직이다.

128 population
[pɑ̀pjuléiʃən] 파퓰레이션
명 인구, 주민

the Korean population of New York 뉴욕의 한인 인구

We need to support the aged population.
우리는 노령 인구를 부양할 필요가 있다.

파생어 populate 인구, 살다
populous 인구 밀도가 높은, 인구가 많은

● MEMO

129 port

[pɔːrt] 폴트

명 항구, 항

make the port more commercial 항구를 좀 더 상업적으로 만들다

I recently visited Ulsan Port.
나는 최근에 울산(蔚山)항을 방문했다.

유의어 harbor 항구, 항만

130 mall

[mɔːl] 몰

명 상점가, 쇼핑몰

sales of shopping malls 쇼핑몰 매출

Last night, I met Jane in front of the mall.
지난밤 나는 쇼핑몰 앞에서 제인을 만났다.

131 vital

[váitl] 바이틀

형 중요한, 반드시 필요한

a creative and vital job 창의적이고 중요한 일

It is easy-to-do but vital.
그것은 하기 쉬우나 중요하다.

파생어 vitalize 생명을 주다, 활력을 북돋아 주다
      vitally 극도로, 지극히

132 spare

[spɛər] 스페얼

형 따로 남겨 둔, 예비의 **명** 예비, 스페어
동 용서하다, 할애하다, 아끼다

a lack of spare telephone lines 예비 전화선의 부족

Spare the rod and spoil the child.
매를 아끼면 아이 버릇을 그르친다.

파생어 spareness 결핍, 깡마름
      sparely 인색하게, 모자라게

🍃 MEMO

133 mental
[méntl] 멘틀

뒝 정신의, 마음의

a mental sport 정신 스포츠

She was suffering from physical and mental exhaustion.
그녀는 육체적 정신적으로 탈진 상태에 있었다.

반의어 **physical** 신체의, 물리의, 육체의
파생어 **mentally** 정신적으로, 마음으로

134 issue
[íʃuː] 이슈

뒝 논쟁점, 문제점, 이슈, 출판, 발행물, 호
동 발행하다

the real issue in the conflict 분쟁의 진정한 문제점

We made efforts to solve current social issues.
우리는 현 사회이슈를 해결하기 위해 노력을 기울였다.

파생어 **issueless** 자식이 없는, 결과가 없는, 쟁점이 없는

135 despair
[dispéər] 디스페얼

뒝 낙담, 절망, 실망

live in despair 절망 속에 살다

My uncle left Japan in despair.
나의 삼촌은 절망하여 일본을 떠났다.

반의어 **hope** 바라다, 희망
파생어 **desperate** 자포자기한, 발악하는, 될 대로 되라는 식의

136 reluctant
[rilʌ́ktənt] 릴럭턴트

뒝 꺼리는, 주저하는, 마지못한

a reluctant smile 마지못해 하는 미소

He is reluctant to hang out with his friends.
그는 자신의 친구들과 노는 것을 꺼리고 있다.

파생어 **reluctance** 꺼림, 주저함
　　　 reluctantly 마지못해

● MEMO

137 risk
[risk] 리스크

® 위험, 위기, 리스크
⑧ 위험에 직면하다

countless risk factors 수많은 위험 요소들

It is foolish to risk your health.
네 건강을 위험에 처하게 하는 것은 어리석다.

유의어 danger 위험, 위기

138 policy
[pɑ́ləsi] 팔러씨

® 정책, 수단

a foreign policy 외교 정책

Creating jobs is one of Korea's economic policies.
직업 창출이 한국의 경제 정책 중 하나이다.

파생어 politic 현명한, 신중한

139 above
[əbʌ́v] 어버브

® 위에서 말한
⑳⑮ 위에

all of the above information 위에서 말한 모든 정보

We saw the moon above the hill.
우리는 언덕 위의 달을 보았다.

반의어 below 아래에, ~이하의

140 mushroom
[mʌ́ʃruːm] 머쉬룸

® 버섯, 식용 버섯

a mushroom-shaped umbrella 버섯 모양의 우산

Exports of mushrooms rose last month.
지난 달 버섯 수출이 늘었다.

● MEMO

스스로의 힘으로 작성해 봅시다.

	English	Korean
01	above	
02	backbone	
03	coal	
04	conscience	
05	despair	
06	humble	
07	issue	
08	lord	
09	mall	
10	mental	
11	mushroom	
12	policy	
13	population	
14	port	
15	reluctant	
16	risk	
17	satellite	
18	spare	
19	tissue	
20	vital	

● MEMO

141 **channel** [명] 채널, 경로, 루트, 수로, 넓은 해협

[tʃǽnəl] 채널

television channels for sports 스포츠 전문 TV채널들

I was impressed by the English Channel.
나는 영국 해협에 감명 받았다.

142 **tea** [명] 차(茶), 홍차

[tiː] 티

talk over tea 차를 마시면서 이야기 하다

In some countries tea was used as money.
일부 나라에서는 차가 돈으로 사용되었다.

143 **awkward** [형] 섣부른, 서투른, 어색한

[ɔ́:kwərd] 어컬드

a much awkward position 훨씬 어색한 상황

At first Kang felt awkward.
처음에 강은 어색함을 느꼈다.

파생어 awkwardness 어색함, 다루기 어려움
awkwardly 어색하게, 서투르게

144 **multiple** [형] 다양한, 다방면에 걸친, 복합적인, 다수의

[mʌ́ltipl] 멀티플

multiple-choice tests 다지선다형 시험

He scored multiple goals in the first half.
그는 전반전에 다득점을 기록했다.

파생어 multiply 다양하게, 복합적으로

MEMO

145 **gate**
[geit] 게이트
[명] 대문, 출입문, 탑승구

the main gate of a school 학교의 정문

We hope to install a CCTV camera at the entrance gate.
우리는 출입문에 CCTV카메라를 설치하기를 희망한다.

146 **legend**
[lédʒənd] 레전드
[명] 전설, 전설적 인물

the legend of the rock 그 바위의 전설

Legend has it that they were discovered in fire.
전설에 따르면 그들은 불속에서 발견되었다고 한다.

파생어 legendary 전설적인, 아주 유명한
유의어 myth 신화

147 **plus**
[plʌs] 플러스
[명] 더하기, 플러스
[부] 게다가 [전] ~을 더한

have wealth plus ability 부와 재능을 아울러 가지다

Four plus four equals eight.
4+4는 8이다.

반의어 minus 영하의, 마이너스의, 제외한

148 **dental**
[déntl] 덴틀
[형] 이의, 치과의

dental health 치아 건강

Every kid hopes to get a free dental check-up.
모든 어린이들은 무료 치아 검진받기를 희망한다.

MEMO

149 widespread 웹 널리 보급된, 널리 퍼진, 광범위한
[wáidspréd] 와이드스프레드

widespread damage 광범위한 손상

The case has become widespread.
그 사례가 널리 퍼졌다.

150 shut 통 닫다, 폐쇄하다
[ʃʌt] 셧
shut-shut-shut

shut down the factory 공장을 폐쇄시켰다

Don't forget to shut the door.
문 닫는 것을 잊지 말아라.

반의어 open 열다, 개방하다
유의어 close 닫다

151 energy 웹 에너지, 기운. 정력, 활기
[énərdʒi] 에널지

harmful energy 해로운 에너지

This is the key to getting energy sources.
이것이 에너지원을 얻는 열쇠이다.

파생어 energetic 힘이 넘치는, 활기찬
        energize 격려하다, ~을 기운을 북돋우다

152 failure 웹 실패, 고장, 실수
[féiljər] 페일리얼

learn from failures 실패를 통해 배우다

He thinks about past failures.
그는 과거의 실패에 대해 생각한다.

반의어 success 성공, 성과, 달성
파생어 fail 실패하다, 못하다

● MEMO

153 scrub
[skrʌb] 스크럽

명 북북 문질러 닦기
동 북북 문지르다

people scrubbing dirty dishes 더러운 접시들을 문질러 닦는 사람들

Some scrubbed clothes in the river.
일부는 강에서 옷가지들을 비벼 빨았다.

154 fountain
[fáuntn] 파운튼

명 분수, 분수대, 샘, 원천

a fountain of wisdom 지혜의 원천

A young man is in the fountain.
한 젊은이가 분수대 안에 들어가 있다.

155 license
[láisns] 라이슨스

명 면허, 허가증, 라이선스

a driver's license 운전면허증

My daddy has a pilot's license.
우리 아빠는 조종사 면허가 있다.

파생어 unlicensed 무면허의, 무허가의

156 clerk
[klə:rk] 클럴크

명 사무원, 점원, 사원

a poorly paid clerk 임금이 낮은 점원

The store clerk was in serious condition.
가게 점원이 중태다.

● MEMO

157 pose
[pouz] 포우즈

® 자세, 포즈
⑧ 자세를 취하다, 포즈를 취하다, ~인 체하다

pose for the camera 카메라 앞에서 포즈를 취하다

Strike a cool pose.
멋진 포즈를 취해봐.

158 attic
[ǽtik] 애틱

® 다락(방)

a very useful attic 매우 유용한 다락방

Is it possible to add one more bed in the attic?
다락에 침대를 하나 더 추가할 수 있을까요?

유의어 garret 다락방

159 neat
[ni:t] 닛트

® 깨끗한, 말끔한, 깔끔한

my neat hands 나의 깨끗한 손들

The room was so neat that I liked to stay longer.
나는 방이 너무 깔끔해서 좀 더 오래 머무르고 싶었다.

파생어 neatness 정돈됨, 단정함
　　　 neatly 깔끔하게, 말쑥하게

160 robot
[róubət] 로벗

® 로봇

a robot that can clean her house 그녀의 집을 청소해 줄 수 있는 로봇

The film is about a robot saving the Earth.
그 영화는 지구를 구하는 로봇에 관한 것이다.

파생어 robotic 로봇 같은

● MEMO

스스로의 힘으로 작성해 봅시다.

	English	Korean
01	attic	
02	awkward	
03	channel	
04	clerk	
05	dental	
06	energy	
07	failure	
08	fountain	
09	gate	
10	legend	
11	license	
12	multiple	
13	neat	
14	plus	
15	pose	
16	robot	
17	scrub	
18	shut	
19	tea	
20	widespread	

● MEMO

161 **overlook** [동] 내려다보다, 간과하다, 눈감아주다
[òuvərlúk] 오벌룩

overlook a person's mist 남의 실수를 눈감아 주다

Some buildings are overlooking the river.
몇몇 건물들은 강을 내려다보고 있다.

162 **nutrient** [형] 영양이 되는
[njú:triənt] 뉴트리언트 [명] 영양분

essential nutrients 필수 영양소들

Mushrooms are rich in nutrients.
버섯은 영양분이 많이 들어 있다.

파생어 nutrition 영양
nutritional 영양의

163 **spelling** [명] 철자, 철자법, 맞춤법
[spéliŋ] 스펠링

spelling rules 철자 규칙들

Why are their spellings different?
왜 그것들의 철자들이 다르지?

파생어 spell 철자하다, 쓰다, 스펠링
misspell 잘못 철자하다

164 **border** [명] 국경, 가장자리
[bɔ́:rdər] 볼덜

our safe borders 우리의 안전한 국경

Canadian officials will stay at a hotel near the border.
캐나다 관계자들은 국경 근처 한 호텔에 머물 예정이다.

파생어 bordered 경계를 이룬, 접한

MEMO

165 **only** [형] 유일한
[óunli] 온니 [부] 단지, 다만

the English-only lectures 영어로만 하는 강의

We were the only people there.
우리가 거기에 있는 유일한 사람들이었다.

유의어 single 하나의, 단일의, 싱글

166 **vendor** [명] 행상, 노점상, 판매업자
[véndər] 벤덜

street vendors 거리의 노점상

The subway vendor works from 11 a.m. to 9 p.m.
그 지하철 판매원은 오전 11시에서 오후 9시까지 일한다.

반의어 vendee 매수인, 매입자

167 **starve** [동] 굶어 죽다, 굶주리다
[sta:rv] 스탈브

children who starve for affection 애정에 굶주린 아이들

Millions of North Koreans will starve to death.
수백만 명의 북한 사람들이 굶어 죽을 것이다.

파생어 starvation 기아, 굶주림

168 **scream** [명] 비명, 절규
[skri:m] 스크림 [동] 비명 지르다, 소리치다

scream at us 우리에게 소리를 지르다

He screamed for his life.
그는 죽을힘을 다해서 소리쳤다.

파생어 screamy 절규하는, 쇳소리의

MEMO

169 **jar**
[dʒa:r] 잘

[명] 항아리, 단지, 병

a jar of coffee 커피 한 병

I have a big jar full of coins.
나는 동전이 가득 들어 있는 큰 단지가 있다.

유의어 pot 항아리, 단지

170 **alert**
[əlә́:rt] 얼럴트

[형] 방심하지 않는, 기민한

an alert policeman 기민한 경찰

It is good to keep alert after the tsunami.
쓰나미 발생 후 방심하지 않는 것이 좋다.

파생어 alertness 빈틈 없음, 조심성 있음
alertly 방심 않고, 기민하게

171 **gray**
[grei] 그레이

[형] 회색의
[명] 회색

gray suits 회색 양복들

Steven led the way to a gray furniture.
스티븐은 회색 가구 있는 쪽으로 길을 안내했다.

172 **devil**
[dévl] 데빌

[명] 악마, 악귀, 마귀, 화신

the devil of greed 탐욕의 화신

The devil will give you a gift.
악마가 네게 선물을 하나 줄 것이다.

파생어 devilish 사악한, 악마 같은
유의어 demon 악마, 악의 화신

MEMO

173 neck
[nek] 넥   명 목

with the photo ID around my neck   나의 목에 사진이 붙은 신분증을 걸고

He washed the back of his neck with cold water.
그는 찬 물로 목의 뒤쪽을 씻었다.

174 shoe
[ʃuː] 슈   명 신발, 구두

throw a shoe at the President   대통령에게 구두를 던지다

On sale are women's leather shoes.
여성용 가죽 구두가 세일 중이다.

175 intuition
[ìntjuːíʃən] 인투이션   명 직감, 직관

depend on intuition   직감에 의존하다

Your intuition will guide you to riches.
직관은 당신을 부로 이끌 것이다.

파생어 intuitional 직각(直覺)의, 직각[직관]적인
     intuitive 생각이 직감[직관]에 의한

176 euro
[júərou] 유로   명 유로화

buy a house with euros   유로화로 집을 구입하다

More than 15 countries use the euro.
15개국 이상이 유로화를 사용한다.

⬤ MEMO

177 **hometown** 명 고향, 자기가 태어난 도시

[hóumtáun] 홈타운

talk about her hometown 그녀의 고향에 대해 이야기 하다

The people in his hometown started eating tomatoes.
그의 고향사람들은 토마토들을 먹기 시작했다.

파생어 hometowner 그 고장 출신자, 출생지 거주자

178 **jewelry** 명 보석류, 보석, 장신구

[dʒúːəlri] 쥬얼리

a jewelry designer 보석 디자이너

The gentleman is looking for jewelry.
신사가 보석을 찾고 있다.

179 **slip** 명 미끄러져 넘어짐, 슬립 동 미끄러지다

[slip] 슬립

slip on 미끄러지다

She slipped over on the ice and broke her leg.
그녀는 빙판 위에서 미끄러져 다리가 부러졌다.

파생어 slippery 미끄러운, 미끈거리는
      slipper 슬리퍼, 실내화

180 **dawn** 명 새벽, 여명, 동이 틀 무렵

[dɔːn] 던

from dawn till dark 동틀 녘부터 해질녘까지

He works from dawn till dusk.
그는 새벽부터 밤까지 일한다.

유의어 daybreak 새벽, 동틀 녘

🍀 MEMO

스스로의 힘으로 작성해 봅시다.

	English	Korean
01	alert	
02	border	
03	dawn	
04	devil	
05	euro	
06	gray	
07	hometown	
08	intuition	
09	jar	
10	jewelry	
11	neck	
12	nutrient	
13	only	
14	overlook	
15	scream	
16	shoe	
17	slip	
18	spelling	
19	starve	
20	vendor	

● MEMO

181 obstacle
[ɑ́bstəkl] 압스터클

명 장애(물), 방해

physical obstacles 신체적 장애

You can move past these obstacles.
이 장애물들을 지나갈 수 있다.

182 collar
[kɑ́lər] 칼럴

명 깃, 칼라, (개 등의) 목걸이

blue-collar workers 블루칼라 근로자들

I had my shirt collar washed.
내 셔츠 깃을 빨았다.

183 precious
[préʃəs] 프리셔스

형 귀중한, 소중한

precious results 귀중한 결과들

On streets birds are treated as unwelcome guests, not as precious ones.
거리에서 새들은 소중한 손님이 아니라 불청객으로 취급받는다.

반의어 worthless 가치 없는, 보잘것없는
파생어 preciousness 귀중함, 소중함

184 intention
[inténʃən] 인텐션

명 의도, 의향, 의사

other people's intentions 타인의 의도

I have no intention of ignoring your rights.
당신의 권리를 무시하려는 의사는 없다.

파생어 intend 의도하다, 계획하다
　　　 intent 의도, 의향

● MEMO

64

185 **Atlantic** [형] 대서양의
[ætlǽntik] 애틀랜틱 [명] 대서양

fly across the Atlantic Ocean 대서양을 횡단하다
An airplane disappeared over the Atlantic Ocean.
비행기 한 대가 대서양 상공에서 사라졌다.

186 **contemporary** [형] 동시대의, 현대의
[kəntémpərèri] 컨템퍼레어리 [명] 같은 시대의 사람

the National Museum of Contemporary Art 국립현대미술관
The book can't be understood by contemporary people.
이 책은 현대인이 이해할 수 없다.

파생어 contemporize 시기[시대]를 같이하다

187 **toll** [명] 통행세, 사상자 수
[toul] 톨 [동] 울리다, 치다

the rising death toll 증가하는 사망자 수
Cars pay tolls as they pass each toll gate.
차들은 톨게이트를 지나갈 때 마다 통행료를 낸다.

파생어 tollage 사용료, 통행세

188 **frequently** [부] 자주, 여러 번, 빈번하게
[frí:kwəntli] 프리퀀틀리

drive a sports car frequently 자주 스포츠카를 타다
Earthquakes frequently hit Haiti.
지진이 자주 아이티에 발생한다.

파생어 frequent 자주, 잦은, 빈번한
frequency 주파수, 빈도, 진동

MEMO

189 yet
[jet] 옛

(부) 아직까지, 이제껏, 여전히
(접) 그럼에도 불구하고, 그러나

have not received any orders yet 아직까지 주문을 전혀 받지 못했다

Yet they got me to remember what I said.
그럼에도 그들은 나로 하여금 내가 한 말을 기억하게 하였다.

190 drain
[drein] 드레인

(명) 배수, 배출
(동) 배수하다, 유출하다, 흘러 나가다

a serious brain drain 심각한 두뇌 유출

The water drained through a small hole.
물은 작은 구멍에서 줄줄 흘러 나왔다.

191 creature
[krí:tʃər] 크리철

(명) 창조물, 생물, 동물

social creatures 사회적 동물

The cow, a poor creature, jumped to its feet.
불쌍한 동물인 소가 벌떡 일어섰다.

파생어 creatural 피조물의, 생물의

192 spectacular
[spektǽkjulər] 스펙태큘럴

(형) 구경거리의, 장관의
(명) 초대작

spectacular scenery 장관을 이루는 풍경

The boats form spectacular sceneries.
배들이 장관을 이룬다.

파생어 spectacle 구경거리[행사]
　　　spectacularly 구경거리로, 볼 만하게

● MEMO

193 phrase
[freiz] 프레이즈   몡 구(句), 숙어

search for phrases in the dictionary 사전에서 구를 찾다

What do you think of a phrase that best describes Koreans?
한국인을 가장 잘 묘사하는 구는 뭐라고 생각하십니까?

파생어 phrasal 구(句)의, 구로 된

194 union
[júːnjən] 유니언   몡 결합, 연합, 합병, 단결

the union of two states 두 나라의 합병

Union is strength.
단결은 힘이다.

파생어 unionize 노동조합을 결성하다

195 sort
[sɔːrt] 솔트   몡 종류
                 통 분류하다, 구분하다

a new sort of music 새로운 종류의 음악

The librarian is sorting the magazines.
사서가 잡지를 분류하고 있다.

파생어 sorter 가려내는 사람

196 blossom
[blásəm] 블라썸   몡 꽃
                 통 꽃피다, 발전하다

come into blossom 꽃을 피우기 시작하다

Their friendship blossomed into love.
그들의 우정은 사랑으로 꽃피웠다.

파생어 blossoming 개화(開花)
      blossomy 꽃이 만발한

● MEMO

197 enormous
[inɔ́ːrməs] 이널머스
ⓗ 거대한, 막대한, 엄청난

the enormous exam stress 엄청난 시험 스트레스

Our kids have enormous potential.
우리 아이들은 엄청난 잠재력을 갖고 있다.

파생어 enormously 막대하게, 터무니없이
　　　enormity 심각함, 영향력의 거대함

198 style
[stail] 스타일
ⓗ 형식, 양식, 스타일

different styles of architecture 갖가지 양식의 건축

Her style is said to learn from mistakes.
그녀의 스타일은 실수에서 배우는 것이라고 한다.

파생어 stylish 유행의, 멋진
　　　stylist 명문가, 문장가

199 puppy
[pʌ́pi] 퍼피
ⓜ 강아지

a frisky puppy 장난을 치는 강아지

The puppy was born in December.
그 강아지는 12월에 태어났다.

파생어 puppyhood 강아지 시절, 한창 건방진 시절

200 chart
[tʃɑːrt] 촬트
ⓜ 도표, 기록, 순위, 차트

the Billboard Hot 100 singles chart 빌보드 싱글차트 핫 100

I sat at my desk looking at your chart.
나는 책상에 앉아서 네 차트를 보고 있었다.

파생어 uncharted 새로운, 미지의, 지도에 없는

⬤ MEMO

스스로의 힘으로 작성해 봅시다.

	English	Korean
01	Atlantic	
02	blossom	
03	chart	
04	collar	
05	contemporary	
06	creature	
07	drain	
08	enormous	
09	frequently	
10	intention	
11	obstacle	
12	phrase	
13	precious	
14	puppy	
15	sort	
16	spectacular	
17	style	
18	toll	
19	union	
20	yet	

● MEMO

201 suspense
[səspéns] 서스펜스
형 (영화·소설 등의) **긴장감, 서스펜스, 미결, 미정**

a tale of mystery and suspense 미스터리와 서스펜스가 있는 이야기

I couldn't bear the suspense a moment longer.
나는 그 긴장감을 잠시도 더 견딜 수가 없었다.

파생어 suspend 매달다, 걸다
suspenseful 서스펜스가 넘치는

202 armchair
[á:rmtʃɛ̀ər] 암체얼
형 **안락의자**

a comfortable armchair 편안한 안락의자

The woman sat silently on an armchair.
그 여자는 안락의자에 조용히 앉아 있었다.

203 kindergarten
[kíndərgà:rtn] 킨더갈튼
형 **유치원**

public kindergarten kids 공립 유치원생들

She is teaching English at a kindergarten.
그녀는 유치원에서 영어를 가르치고 있다.

204 greasy
[grí:si] 그리지
형 **기름투성이의, 기름진, 느끼한**

greasy food and chocolate 기름진 음식과 초콜릿

Hamburgers are rather greasy for me.
햄버거는 내게 다소 느끼해.

파생어 grease 기름, 그리스
greasily 기름지게, 기름기 있게

● MEMO

205 **anticipate** [동] 기대하다, 예상하다

[æntísipèit] 앤티시페이트

anticipate an easy victory over China 중국에 낙승을 기대하다

They arrived two days earlier than anticipated.
그들은 예상보다 이틀 일찍이 도착했다.

파생어 anticipation 기대, 예상
anticipative 예기하는, 예상한

206 **arrest** [명] 체포, 저지, 정지

[əréſt] 어레스트 [동] 체포하다, 저지하다

the arrest of her husband 그녀 남편의 체포

A passenger was arrested.
한 승객이 체포되었다.

파생어 arrestive 이목을 끌기 쉬운, 저지하는

207 **rapid** [형] 신속한, 빠른, 급속한

[rǽpid] 래피드

the rapid growth of the Internet 인터넷의 급속한 성장

The larger the number is, the more rapid it is.
숫자가 크면 클수록 더욱 더 빠르다.

파생어 rapidity 급속, 신속, 민첩
rapidly 빨리, 급속히, 신속히

208 **reptile** [명] 파충류

[réptil] 렙타일

as far as fish and reptiles are concerned 물고기와 파충류에 관한 한

Snakes and alligators are all reptiles.
뱀과 악어는 모두 파충류이다.

파생어 reptilian 파충류의[같은]

MEMO

209 embarrass 통 당황하게 하다, 부끄럽게 하다, 난처하게 하다
[imbǽrəs] 임배러스

the information to embarrass him 그를 난처하게 만드는 정보

It is an embarrassing story that you can laugh at.
그것은 네가 듣고 웃을 수 있는 부끄러운 이야기이다.

파생어 embarrassed 부끄러운, 당황한
embarrassing 부끄러운, 당황스러운

210 billion 명 10억, 막대한 수
[bíljən] 빌리언

China's 14 billion population 14억 중국인구

It takes billions of dollars to build canals.
운하 건설비용이 수십억 달러에 이른다.

211 angel 명 천사, 천사 같은 사람
[éindʒəl] 앤젤

the most powerful angel 가장 강력한 천사

You have the ability to communicate with angels.
너는 천사와 대화할 수 있는 능력을 갖고 있다.

파생어 angelic 천사 같은

212 magnificent 형 화려한, 웅장한, 장엄한
[mægnífisnt] 매그니피슨트

live the most magnificent life 가장 화려한 삶을 살다

I was impressed with a magnificent sunrise.
나는 장엄한 일출에 감명 받았다.

유의어 grand 웅장한, 위대한
파생어 magnificently 장대하게, 장려하여

● MEMO

72

213 **gargle**
[gá:rgl] 갈글

동 입안을 가시다, 양치질하다

gargle with salt water 소금물로 양치질하다

Gargle with warm water for about a minute.
1분 정도 따듯한 물로 입 안을 헹궈라.

214 **ensure**
[inʃúər] 인슈얼

동 ~을 확실하게 하다, 보증하다, 보장하다, 지키다

ensure oneself from harm 위해로부터 몸을 지키다

The KTO ensures visitors have a pleasant journey.
KTO는 방문객들이 즐거운 여행을 할 수 있도록 보장한다.

유의어 secure 확실하게 하다, 보증하다
파생어 sure 확신하는, 확실히 아는

215 **noodle**
[nú:dl] 누들

명 국수

the price of instant cup noodles 컵라면 가격

The baby sometimes eat noodles or bread.
그 아기는 때로 국수나 빵을 먹는다.

216 **cancer**
[kǽnsər] 캔설

명 암

cancer patients 암환자들

Mary finally ended her battle with cancer.
메리가 마침내 암 투병을 끝냈다.

파생어 cancered 암에 걸린

● MEMO

217 cabinet
[kǽbinèt] 캐비넷

® 장식장, 캐비닛, 내각

a file cabinet 서류 캐비닛

Aso has a relative in the cabinet.
아소는 내각에 친척이 있다.

218 nun
[nʌn] 넌

® 수녀

meet with the nun 수녀와 만나다

Nun Lee Hae-in is well-known for her poems.
이해인 수녀는 시로 유명하다.

219 restrict
[ristríkt] 리스트릭트

⑧ 제한하다, 방해하다

restrict the number of participants 참가자의 수를 제한하다

They try to restrict freedom of expression.
그들은 표현의 자유를 제한하려고 한다.

파생어 restriction 제한, 규제, 제약
restrictive 제한하는, 제한적인

220 pumpkin
[pʌ́mpkin] 펌킨

® 호박

taste some sweet pumpkin soup 단 호박죽을 맛보다

They were happy to treat pumpkin to the visitors.
그들은 손님들에게 호박을 접대하게 되어 기뻐했다.

● MEMO

74

스스로의 힘으로 작성해 봅시다.

	English	Korean
01	angel	
02	anticipate	
03	armchair	
04	arrest	
05	billion	
06	cabinet	
07	cancer	
08	embarrass	
09	ensure	
10	gargle	
11	greasy	
12	kindergarten	
13	magnificent	
14	noodle	
15	nun	
16	pumpkin	
17	rapid	
18	reptile	
19	restrict	
20	suspense	

MEMO

221 charisma
[kərízmə] 커리즈머

명 카리스마, 남을 끌어당기는 강한 개성

her intelligence and charisma 그녀의 지능과 카리스마

I'm truly impressed with his charisma on stage.
나는 그의 무대 위에서의 카리스마에 정말 감동받았다.

파생어 charismatic 카리스마가 있는

222 electronic
[ilèktránik] 일렉트라닉

형 전자의

the electronic lock 전자자물쇠

The company produces electronic products.
그 회사는 전자제품을 생산한다.

파생어 electronics 전자 기술, 전자 기기
electronically 전자 적으로, 전자식으로

223 so-called
[sóukɔ́:ld] 쏘-콜드

형 이른바, 소위

a so-called bookworm 소위 책벌레

Most Koreans don't like to work the so-called 3D jobs.
한국인들 대부분은 이른바 3D직종에서 일하는 것을 좋아하지 않는다.

224 remove
[rimú:v] 리무브

동 없애다, 제거하다

decide to remove the system 그 제도를 없애기로 결정하다

One of the bullets was removed from him.
그가 맞은 총알 중 하나를 제거했다.

파생어 move 움직이다, 이동하다
removal 제거, 철거, 배출

🟢 MEMO

225 transportation
[trænspərtéiʃən] 트랜스펄테이션 · 똉 수송, 운송, 교통, 수송 수단, 교통 기관

schedules of all means of transportation   각종 교통수단의 시간표

The automobile is a fast means of transportation.
자동차는 빠른 교통수단이다.

파생어 transport 운송하다, 교통, 이동하다
transporter 운송자, 대형 트럭

226 Buddha
[búːdə] 붓다 · 똉 부처, 석가모니

Buddha's teachings   부처님의 가르침

Twelve animals came to meet Buddha.
12마리 동물이 부처님을 만나러 왔다.

227 enhance
[inhǽns] 인핸스 · 똥 높이다, 올리다

the power to enhance your happiness   네 행복을 올려줄 힘

Our global image is enhanced by hosting international events.
우리의 글로벌 위상은 국제행사를 주최함으로써 올라간다.

파생어 enhancement 증대, 강화

228 upright
[ʌ́pràit] 업롸이트 · 똉 똑바로 선, 곧추 선
· 똅 똑바로

upright posture   똑바른 자세

James is cleaning the room in an upright position.
제임스는 똑바로 선 자세로 방을 청소하고 있다.

반의어 horizontal 수평의, 가로의
파생어 uprightness 강직함, 강직성

● MEMO

229 **effective**
[iféktiv] 이펙티브

형 효과적인, 효율적인

an effective medical treatment 효과적인 치료법

Big uniforms make me less effective.
큰 유니폼은 나의 효율성을 떨어뜨린다.

파생어 effect 영향, 효과
effectively 효과적으로, 효율적으로

230 **flame**
[fleim] 플레임

명 불꽃, 화염, 불길

like a moth to a flame 불꽃을 향하는 나방처럼

There were flames everywhere.
사방에 불꽃이 타오르고 있었다.

파생어 flamy 불꽃의[같은], 불타는 듯한
유의어 fire 불, 화염, 불꽃

231 **sow**
[sou] 쏘우

동 씨를 뿌리다
sow-sowed-sowed/sown

sow by using machinery 기계를 사용하여 씨를 뿌리다

You reap what you sow.
뿌린 대로 거둔다.

유의어 seed 씨를 뿌리다, 뿌리다

232 **alike**
[əláik] 어라이크

형 같은, 비슷한
부 마찬가지로, 공히, 똑같이

look alike 같아 보이다

They walk alike.
그들은 걸음걸이가 똑같다.

유의어 similar 비슷한, 유사한

● MEMO

²³³ spaceship
[spéisʃip] 스페이스쉽 · 명 우주선

records about a spaceship 우주선에 관한 기록들

The spaceship landed on the moon.
우주선이 달에 착륙했다.

²³⁴ intercept
[ìntərsépt] 인터셉트 · 통 도중에서 잡다, 가로채다, 가로막다, 요격하다

try to intercept a missile 미사일을 요격하려 하다

The letter was intercepted.
그 편지는 누군가가 중간에 가로챘다.

파생어 interceptive 가로막는, 방해하는

²³⁵ floor
[flɔːr] 플로얼 · 명 마루, 바닥, 층

dirty clothes on the floor 마루 위의 더러운 옷들

A gentleman ran up to Elizabeth on the second floor.
한 신사가 2층에 있는 엘리자베스에게 달려갔다.

반의어 ceiling 천장, 한도

²³⁶ eliminate
[ilímineìt] 일리미네이트 · 통 제외하다, 없애다, 제거하다, 탈락시키다

eliminate him in the second round 그를 2라운드에서 탈락시키다

People asked her to eliminate at least one.
사람들은 그녀에게 적어도 하나는 없애라고 당부했다.

파생어 elimination 제거, 철폐

● MEMO

237 ever
[évər] 에벌

(부) 여태껏, 언제가, 이전에

sing as well as ever 언제나처럼 노래를 잘하다

Shall we ever meet again?
또 언젠가 우리 만날 일이 있을까?

238 elect
[ilékt] 일렉트

(동) 선출하다, 선거하다

had the mayor elected 시장이 선출되었다

We elected Noh chairperson of our club.
우리는 노를 우리 동아리 회장으로 선출했다.

파생어 **election** 선거, 투표
　　　electoral 선거인의, 선거의

239 citizen
[sítizn] 씨티즌

(명) 시민, 주민, 국민

the citizens of Seoul 서울 시민

Every citizen can choose the nation's leaders.
시민은 저마다 국가의 지도자를 선택할 수 있다.

반의어 **alien** 외계인, 외국인
파생어 **city** 도시, 시, 시티

240 unique
[juːníːk] 유니크

(형) 독특한, 유일무이한, 특별한 , 고유의

a unique opportunity 특별한 기회

The one-month course is really unique and useful.
이 1개월짜리 코스는 정말 독특하고 유용하다.

파생어 **uniquely** 독특하게, 유례
　　　uniqueness 유례없는 일, 독특함

● MEMO

스스로의 힘으로 작성해 봅시다.

	English	Korean
01	alike	
02	Buddha	
03	charisma	
04	citizen	
05	effective	
06	elect	
07	electronic	
08	eliminate	
09	enhance	
10	ever	
11	flame	
12	floor	
13	intercept	
14	remove	
15	so-called	
16	sow	
17	spaceship	
18	transportation	
19	unique	
20	upright	

🌑 MEMO

241 episode
[épisòud] 에피소드

(명) 일화, 에피소드, 1회분의 이야기, 사건

20 episodes 20부작

One of the funniest episodes in the book occurs in Chapter 6.
그 책에서 가장 재미있는 에피소드들 중 하나가 6장에 나온다.

242 feat
[fi:t] 핏

(명) 위업, 공적, 공훈

a diplomatic feat 외교적 위업

He achieved many feats we never dreamed.
그는 우리가 결코 꿈꿔보지 못한 많은 공적을 이루었다.

파생어 featly 적절히, 알맞게

243 multiply
[mʌ́ltiplài] 멀티플라이

(동) 곱하다, 증가시키다, 번식하다

multiply 7 by 9 to get 63 7에 9를 곱하면 63이다

Our problems have multiplied since last year.
지난해부터 우리 문제가 크게 증가했다.

파생어 multiplication 곱셈, 증식
multiplicative 증가하는, 증식의

244 odd
[ad] 아드

(형) 묘한, 기묘한, 색다른, 이상한, 홀수의

an odd expression 이상한 표현

A person is walking down an odd-looking corridor.
한 사람이 이상하게 보이는 복도를 걸어가고 있다.

파생어 oddness 기묘(함), 별남
oddly 이상[특이]하게

● MEMO

245 mercy
[má:rsi] 멀 씨
명 자비, 관용, 연민의 정

ask for a little mercy 약간의 자비를 구하다

The forces didn't show any mercy or pity.
군대는 자비나 동정을 전혀 보이지 않았다.

반의어 cruelty 잔인함, 학대
파생어 merciful 자비로운

246 plot
[plat] 플랏
명 줄거리, 플롯, 음모
동 공모하다

a plot to kill the musician 음악가를 살해하려는 음모

They plotted to steal the jewelry.
그들은 보석을 훔치고자 공모를 했다.

247 boundary
[báundəri] 바운더리
명 경계(선), 영역

fix the boundary 경계를 정하다

This region lies within the boundary of China.
이 지역은 중국의 경계선 내에 위치하고 있다.

유의어 border 국경, 경계

248 eternal
[itá:rnəl] 이터널
형 영원한, 영생의

our eternal mentor 우리의 영원한 멘토

The eternal flame burned behind us.
영원한 불꽃이 우리 뒤에서 타 올랐다.

반의어 temporary 일시적인, 임시의
파생어 eternize 영원성을 부여하다

● MEMO

249 steady
[stédi] 스테디   휑 꾸준한, 변함없는, 한결같은

steady efforts 꾸준한 노력

Korea's exports are on a steady rise.
한국의 수출이 꾸준히 늘어나고 있다.

파생어 steadily 꾸준히, 지속적으로
      stead 대신, 대리

250 decisive
[disáisiv] 디사이시브   휑 결정적인, 단호한

his decisive moment 이 결정적인 순간

The next few weeks will be decisive for you.
향후 몇 주는 네게 결정적인 주가 될 것이다.

파생어 decide 결정하다, 하기로 하다
      decision 결정, 판결, 선택

251 radiation
[rèidiéiʃən] 레디에이션   휑 방사능, 방사선

radiation coming from wastes 폐기물에서 발생하는 방사능

The disease can be treated through radiation.
질병은 방사능 치료가 가능하다.

252 calcium
[kǽlsiəm] 캘시엄   휑 칼슘

new cookies with more calcium 칼슘이 더 많이 함유된 새로운 과자들

Milk is a rich source of calcium.
우유는 칼슘이 풍부하다.

파생어 calcic 칼슘의[을 함유한]

🌑 MEMO

253 **questionnaire** 명 질의서, 설문지, 설문 조사
[kwèstʃənɛ́ər] 퀘스쳐네얼

a questionnaire survey of 100 students 학생 100명의 설문 조사
Please fill in the questionnaire.
설문지를 작성해주세요.

파생어 question 질문, 물음
question**able** 의심스러운, 의문의 여지가 있는

254 **scientific** 형 과학적인, 과학의
[sàiəntífik] 사이언티픽

scientific and nonscientific uses 과학적 및 비과학적 사용들
Hangeul is the most scientific writing system in the world.
한글은 세계에서 가장 과학적인 문자 체계이다.

파생어 scientist 과학자, 학자
science 과학, 사이언스

255 **horizontal** 형 수평의, 가로의
[hɔ́:rizántl] 허리잔틀

the horizontal bar 철봉
It is a perfectly horizontal structure.
그곳은 완벽한 수평 구조를 이루고 있다.

반의어 vertical 수직의, 세로의
파생어 horizontality 수평 상태

256 **sting** 명 찌름
[stiŋ] 스팅 동 쏘다, 찌르다

treat a jellyfish sting 해파리에 쏘인 상처를 치료하다
The monkey was stung by a scorpion.
원숭이가 전갈에 쏘였다.

파생어 stinging 찌르는, 쏘는

● MEMO

257 **mercury** 명 수은, 수은주
[mə́:rkjuri] 멀 큐리

batteries high in mercury 수은이 많이 들어 있는 건전지들

The mercury fell to -10℃ this morning.
오늘 아침 수은주가 영하 10도까지 떨어졌다.

258 **youth** 명 젊음, 청춘. 청년 시절
[ju:θ] 유쓰

be past one's youth 청년 시절이 지나다

Susan was active during her youth.
수잔은 젊었을 때 활동적이었다.

파생어 young 젊은, 청년의
      youngster 젊은이

259 **discount** 명 할인
[dískaunt] 디스카운트 동 할인하다

discounted hotel rooms 가격 할인된 호텔 방들

You can save up to $100, including golf discounts.
골프장 할인을 포함해 최고 100달러까지 절약할 수 있다.

파생어 discountable 할인할 수 있는

260 **fade** 동 시들다, 바래다, 사라지다
[feid] 페이드

fade into the buildings 건물들 속으로 사라지다

The curtains had faded in the sun.
커튼은 햇볕에 색이 바래 있었다.

파생어 fader 영상·음향 조절기

🔵 MEMO

86

스스로의 힘으로 작성해 봅시다.

	English	Korean
01	boundary	
02	calcium	
03	decisive	
04	discount	
05	episode	
06	eternal	
07	fade	
08	feat	
09	horizontal	
10	mercury	
11	mercy	
12	multiply	
13	odd	
14	plot	
15	questionnaire	
16	radiation	
17	scientific	
18	steady	
19	sting	
20	youth	

● MEMO

261 shiny
[ʃáini] 샤이니

형 빛나는, 반짝거리는

her shiny face 그녀의 빛나는 얼굴

The road was shiny with puddles.
그 길은 곳곳에 물이 고여 반짝거렸다.

파생어 **shine** 빛나다, 비치다
　　　 outshine ~보다 훌륭하다, ~보다 밝게 빛나다

262 arcade
[a:rkéid] 알케이드

명 회랑(回廊), 아케이드

video arcades 오락실용 비디오 게임들

Sean lost his gold ring at a shopping arcade on March 21.
션은 3월 21일 쇼핑 아케이드에서 금 반지를 분실했다.

263 necessary
[nésisəri] 네서세리

형 필요한, 필수의

a necessary condition 필요 조건

A lot of exercise is necessary to keep your body fit.
신체를 건강히 유지하기 위해서는 많은 운동이 필요하다.

파생어 **necessarily** 반드시, 필연적으로
　　　 necessity 필요성, 필수품

264 network
[nétwɔ́:rk] 네트워크

명 망상(網狀)조직, 네트워크

every railroad network 모든 철도 망

They often make free use of our Internet networks.
그들은 가끔 우리 인터넷망을 무료로 사용한다.

파생어 **networked** 네트워크화한, 네트워크 방송의

● MEMO

265 **innovative**
[ínəvèitiv] 이노베이티브

형 독창적인, 획기적인, 혁신적인

these innovative products 이 혁신적인 제품들

A truly innovative idea struck me today.
오늘 진짜 혁신적인 생각이 내게 떠올랐다.

파생어 innovation 혁신, 획기적인
　　　 innovate 혁신하다, 쇄신하다

266 **architecture**
[ɑ́ːrkitèktʃər] 알키텍철

명 건축, 건축술, 건축 양식

classical architecture 고전 건축

Italy is known for its traditional architecture.
이탈리아는 전통적인 건축 양식으로 유명하다.

파생어 architectural 건축학[술]의
　　　 architecturally 건축학상

267 **nearly**
[níərli] 니얼리

부 거의, 대략

invest nearly $100 million 대략 1억 달러를 투자하다

The flowers are found in nearly every lake.
그 꽃들은 거의 모든 호수에서 발견된다.

유의어 almost 거의, 대부분, 약

268 **shout**
[ʃaut] 샤웃트

명 외침, 큰 소리, 고함
동 외치다, 소리지르다

shout with joy 기뻐서 소리 지르다

As a teacher, I began to shout at my students to keep quiet.
교사인 나는 학생들에게 조용히 하라고 외치기 시작했다.

유의어 yell 소리지르다, 고함치다
파생어 shouter 외치는 사람, 열렬한 지지자

● MEMO

269 bus
[bʌs] 버스
명 버스

the importance of buses 버스의 중요성

That bus left 10 minutes ago.
그 버스는 10분 전에 떠났다.

270 ball
[bɔːl] 볼
명 공, 볼

colored glass balls 컬러 유리 공들

The harder he hits balls, the farther they fly.
그가 볼을 세게 때리면 때릴수록, 볼은 더 멀리 날아간다.

271 including
[inklúːdiŋ] 인클루딩
전 ~을 포함하여

including Canada 캐나다를 포함하여

The library provides free books, including classics.
도서관에서는 고전을 포함해 책을 무료로 제공하고 있다.

272 amateur
[ǽmətʃùər] 애머츄얼
명 아마추어, 비전문가

American amateur painters 미국인 아마추어 화가들

Both professional and amateur riders joined the Tour de Korea.
프로·아마 사이클 선수 모두가 투르드코리아 대회에 출전했다.

반의어 **professional** 전문의, 프로의

● MEMO

273 bit
[bit] 빗
명 약간 작은 조각, 조금, 비트

a bit of research 약간의 조사

Caroline was a bit sad today
캐롤라인은 오늘 조금 슬펐다.

274 justice
[dʒʌ́stis] 저스티스
명 정의, 법관, 공정

in justice to a person 사람을 공정하게 평하면

Social justice issues should be more tackled.
사회 정의 문제가 좀 더 다뤄져야 한다.

275 volcano
[valkéinou] 발케이노
명 화산

more than 1,900 active volcanoes 1,900여개의 활화산들

This golden salamander lives in the fires of a volcano.
이 황금 도롱뇽은 화산의 불길 속에서 산다.

276 speaker
[spíːkər] 스피컬
명 화자, 연사, 스피커

a fluent speaker of English 영어 유창자

Its surround sound speakers appeal to me.
그것의 입체음향 스피커가 내 마음을 사로잡는다.

파생어 speak 말하다, 사용하다, 이야기하다
speech 연설, 연설문, 말하기

● MEMO

277 club
[klʌb] 클럽 · 閉 동아리, 클럽

go to a night club 나이트클럽에 가다

The women invited their friends to the club.
여성들은 친구들을 클럽에 초대했다.

파생어 clubbing 클럽에 가기

278 vocabulary
[voukǽbjulèri] 보캐뷸러리 · 閉 어휘, 단어

know more vocabulary than before 이전보다 더 많은 어휘를 알다

My homeroom teacher encourages me to build up more vocabulary.
담임 선생님이 내게 더 많은 어휘력을 쌓도록 장려하신다.

279 vomit
[vámit] 보밋 · 動 토하다, 게우다

vomit on her 그녀에게 구토하다

I went through a cycle of overeating and vomiting.
나는 과식과 구토를 반복했다.

파생어 vomitive 구토의, 토하게 하는

280 strength
[streŋkθ] 스트렝쓰 · 閉 힘, 장점

learn from each other's strength 서로의 장점에서 배우다

Employees have their strengths and weaknesses.
직원은 누구나 장단점이 있다.

파생어 strong 강력히, 강력한
     strengthen 강화하다, 강하다

● MEMO

스스로의 힘으로 작성해 봅시다.

	English	Korean
01	amateur	
02	arcade	
03	architecture	
04	ball	
05	bit	
06	bus	
07	club	
08	including	
09	innovative	
10	justice	
11	nearly	
12	necessary	
13	network	
14	shiny	
15	shout	
16	speaker	
17	strength	
18	vocabulary	
19	volcano	
20	vomit	

🍩 MEMO

281 cavity
[kǽvəti] 캐버티

® 충치, (치아에 생긴) 구멍, 와동

cavity treatment costs 충치치료 비용

Kids had, on average, 2.16 teeth with cavities.
어린이는 평균 2.16개의 충치를 가지고 있었다.

282 database
[déitəbèis] 데이터베이스

® 데이터베이스

create a database of plants 식물들의 데이터베이스를 구축하다

These customer databases must be protected completely.
이 고객 데이터베이스는 완벽히 보호되어야 한다.

283 classmate
[klǽsmèit] 클래스메이트

® 급우, 반친구, 동급생

his 33 classmates 그의 급우 33명

Angelina phoned her classmates.
안젤리나는 반 친구들에게 전화했다.

284 correct
[kərékt] 코렉트

® 정확한, 옳은
® 고치다, 수정하다

correct a bad habit 나쁜 버릇을 고치다

I could not guess the correct number.
정확한 숫자를 짐작할 수 없었다.

반의어 incorrect 틀린, 정확하지 않은
파생어 correctly 정확하게, 올바르게

● MEMO

94

285 chat
[ʧæt] 챗

® 농담, 채팅, 잡담
⑧ 농담하다, 채팅하다

chat away 잡담으로 시간을 보내다

People in their 20s have been in the chat room.
20대들이 채팅방에 있다.

파생어 chatty 수다스러운, 지껄이기 좋아하는
    chattily 수다스럽게, 재잘거리며

286 website
[wébsáit] 웹사이트

® 웹사이트

YouTube, a video-sharing website 동영상 공유 웹사이트 유튜브

Here is a useful website for English learners.
여기에 영어 학습자들을 위한 유용한 웹사이트가 있다

287 virus
[váiərəs] 바이러스

® 바이러스, 병균

a virus infection 바이러스 감염

The chickens are free of the virus.
이 닭들은 바이러스에 감염되지 않았다.

288 coin
[kɔin] 코인

® 동전, 코인

the room filled with golden coins 황금 동전으로 가득 찬 방

Jessica kicked a coin on the ground.
제시카는 땅에 있는 동전을 발로 찼다.

파생어 coinage 동전들, 주화
    coiner 화폐 주조자

● MEMO

289 chill
[tʃil] 칠

(형) 쌀쌀함, 한기, 오한
(동) ~을 춥게 하다

the chill of winter 겨울의 쌀쌀함

A small fire was burning to take the chill off the room.
방의 냉기를 가시게 하려고 작은 난로불이 피워져 있었다.

파생어 chilly 쌀쌀한, 추운
    chillingly 담[쌀쌀]하게

290 lively
[láivli] 라이블리

(형) 생기가 넘치는, 밝고 명랑한, 활발한, 활기찬

a lively discussion 활발한 토론

The princess is lively and very talkative.
공주는 활기차고 말이 많다.

파생어 live 살다, 생활하다
    living 살아 있는, 생활의

291 kingdom
[kíndəm] 킹덤

(명) 왕국, 왕조

the tombs of the Silla Kingdom 신라시대의 왕릉

This method of papermaking dates back to the Joseon Kingdom.
이 종이 만드는 방법은 조선 왕조까지 거슬러 올라간다.

292 yell
[jel] 옐

(명) 외침 소리
(동) 외치다, 고함치다

often yell at students 가끔 학생들에게 고함치다

Do you hear me yelling from the bathroom?
내가 욕실에서 소리 지르는 것이 들리니?

유의어 shout 외치다, 소리지르다

🍀 MEMO

293 **concrete** [형] 구체적인, 사실에 의거한
[kánkri:t] 칸크리트 [명] 콘크리트

a concrete proof 구체적인 증거

A Chinese man was between two concrete walls.
한 중국인이 콘크리트 두 벽면 사이에 있었다.

반의어 general 일반의, 장군
파생어 concretionary 응고하여 된

294 **difference** [명] 차이, 다름
[dífərəns] 디퍼런스

a difference in appearance 외관의 차이

Why the difference?
왜 차이가 나지?

파생어 different 다른, 여러 가지의
differently 다르게, 다양하게

295 **frog** [명] 개구리
[frɔ:g] 프러그

a lot of frogs in the stream 개울가에 많은 개구리들

Cats are clean, and frogs are green.
고양이는 깨끗하고, 개구리는 초록색이다.

파생어 froggy 개구리의, 개구리 같은

296 **fireplace** [명] 벽난로
[fáiərplèis] 파이얼플레이스

hang a picture above the fireplace 벽난로 위에 사진을 걸다

A vase has been placed above the fireplace.
꽃병이 벽난로 위에 놓여있다.

MEMO

297 fever

[fíːvər] 피버   몡 열. 열기, 과열

Korea's English education fever   한국의 영어 교육 열기

Aspirin should help reduce the fever.
아스피린이 열을 내리는 데 도움이 될 것이다.

파생어 feverish 몹시 흥분한, 과열된

298 combination

[kὰmbinéiʃən] 캄비네이션   몡 결합, 조합, 복합

the combination of history and tradition   역사와 전통의 조합

These paints can be used individually or in combination.
이 페인트들은 개별적으로 사용할 수도 있고 조합해서 사용할 수도 있다.

파생어 combine 결합시키다, 합치다, 조합되다
combined 결합한, 합친

299 herald

[hérəld] 헤럴드   몡 보도자, 전령
동 보도하다, 예고하다, 알리다

herald a 21st-century cold war   21세기 냉전을 예고하다

Its sound heralds the start of fall.
그것의 소리가 가을의 시작을 알린다.

파생어 heraldic 전령(관)의, 의전(관)의

300 curse

[kəːrs] 컬스   몡 저주, 욕설
동 저주하다, 욕지거리하다

curse at foreigners in English   영어로 외국인들에게 욕하다

Forgetfulness should not be considered a curse.
망각은 저주로 간주되어서는 안 된다.

반의어 bless 축복하다, 감사하다

🍏 MEMO

스스로의 힘으로 작성해 봅시다.

	English	Korean
01	cavity	
02	chat	
03	chill	
04	classmate	
05	coin	
06	combination	
07	concrete	
08	correct	
09	curse	
10	database	
11	difference	
12	fever	
13	fireplace	
14	frog	
15	herald	
16	kingdom	
17	lively	
18	virus	
19	website	
20	yell	

● MEMO

301 private
[práivit] 프라이빗 　　　⟨형⟩ 사적인, 개인의, 민간의

private-funded power plants 민간 자본의 발전소들

Many students are using their private lockers.
많이 학생들이 개인 사물함을 이용하고 있다.

반의어 **public** 공공의, 대중, 일반인
파생어 **privacy** 사생활, 프라이버시, 사적인

302 wink
[wiŋk] 윙크 　　　⟨명⟩ 윙크, 눈짓, 눈을 깜박임
　　　　　　　　⟨동⟩ 눈을 깜박거리다, 윙크하다

secret winks 비밀스런 눈짓

He gave her a wink.
그는 그녀에게 윙크를 했다.

유의어 **blink** 깜빡이다, 눈을 깜박이다

303 arithmetic
[əríθmətik] 어리쓰머틱 　　⟨명⟩ 산수, 산술

daily questions in arithmetic 일일 산수 문제들

He has become more interested in arithmetic.
그는 산수에 더욱 관심을 갖게 되었다.

파생어 **arithmetician** 산술가(算術家), 산술의 달인(達人)

304 wander
[wándər] 완덜 　　　⟨동⟩ 방황하다, 배회하다, 헤매다, 돌아다니다

wandered among the rocks 바위들 사이에서 헤매다

He wandered about aimlessly.
그는 정처 없이 돌아다녔다.

파생어 **wanderer** 방랑자
　　　 wandering 돌아다니는, 방랑하는

● MEMO

100

305 farewell
[fὲərwél] 페어웰

ⓗ 고별의
ⓜ 작별, 고별

make one's farewells 작별 인사를 하다

She didn't want to deliver a farewell **address.**
그녀는 고별사하기를 원치 않았다.

유의어 **adieu** 작별, 고별

306 apparently
[əpǽrəntli] 어패런틀리

ⓦ 보기에, 분명히, 확실히, 보아하니

increasingly apparent 점점 더 명백한

Apparently, **they have a big house.**
보아하니, 그들은 큰 집을 가지고 있다.

파생어 **apparent** 분명한, 명백한

307 uniform
[júːnəfɔ̀ːrm] 유니폼

ⓜ 제복, 유니폼

to be in uniform 제복을 입고 있다

They wore fashionable uniforms.
그들은 멋진 유니폼을 입고 있었다.

파생어 **uniformly** 한결같이, 균일하
uniformity 획일, 일치

308 shoulder
[ʃóuldər] 숄덜

ⓜ 어깨

shrug one's shoulders 어깨를 움츠리다

Lewis cried on her shoulder.
루이스는 그녀의 어깨에 기대어 울었다.

● MEMO

309 wine
[wain] 와인

명 포도주, 와인

a wine-colored toy 와인 색깔의 완구

He started to drink wine.
그는 포도주를 마시기 시작했다.

파생어 winy 포도주의, 포도주에 취한

310 heal
[hi:l] 힐

통 치료하다, 치유되다

use a herb to heal wounds 약초를 이용해 상처를 치료하다

Music is capable of healing patients.
음악을 통해 환자들을 치유할 수 있다.

파생어 healing (몸이나 마음의) 치유
      healer 치유자

311 pattern
[pǽtərn] 패턴

명 양식, 무늬, 패턴

the same pattern 동일 패턴

The wallpaper patterns are colorful.
벽지의 무늬가 다채롭다.

312 ground
[graund] 그라운드

명 땅, 장소, 근거

lie on the ground 땅에 드러눕다

Your anxiety is quite without grounds.
너의 걱정은 아무런 근거도 없다.

파생어 underground 지하의, 땅속의
      groundless 근거없는, 사실 무근의

● MEMO

102

313 **dimension** [명] 차원(次元), 규모
[diménʃən] 디멘션

the fourth dimension 4차원

I felt the different dimension of movies.
나는 영화의 다른 차원을 느꼈다.

[파생어] dimensional 치수의
multidimensional 다차원의, 다양한

314 **course** [명] 과정, 코스, 진로, 방향, 항로
[kɔːrs] 콜스

a course of action 행동 방향

He radioed the pilot to change course.
그가 조종사에게 항로를 바꾸라는 무선을 보냈다.

315 **script** [명] 대본, 스크립트, 필기 문자, 서식, 원고
[skript] 스크립트

complain about the script 대본에 대해 불평하다

Do you just read the script?
원고만 읽니?

316 **festival** [명] 축제, 페스티벌
[féstivl] 페스티벌

through many film festivals 많은 영화제를 통해

The food festival will last for all of May.
음식축제는 5월 한 달 동안 지속된다.

[파생어] festive 축제의, 기념일의, 축하하는

MEMO

317 might
[mait] 마잇트

- 명 힘, 권력
- 동 ~일지도 모른다(불확실한 추측), ~해도 좋다(허가)

the might of that boxer 그 복서의 힘

I said that she might buy a table.
그녀가 탁자를 살지도 모른다고 나는 말했다.

파생어 **mighty** 강력한, 힘센

318 supply
[səplái] 서플라이

- 명 공급, 지급
- 동 공급하다, 보완하다

the blood supply to the brain 뇌에 대한 혈액공급

They can now supply us with food.
그들은 지금 우리들에게 식량을 공급해 줄 수 있다.

반의어 **demand** 요구하다, 요청하다
파생어 **supplier** 공급하는 사람

319 protest
[próutest] 프로테스트

- 명 항의, 시위
- 동 [prətést] 항의하다, 이의를 제기하다

a big protest by workers 근로자들의 강력한 항의

They protested the rights to smoke.
그들은 흡연권에 대해 항의했다.

파생어 **protester** 시위자
　　　protestingly 항의하며

320 shave
[ʃeiv] 쉐이브

- 명 면도, 수염을 깎기
- 동 면도하다, 수염을 깎다

would like to get a shave 면도하고 싶다

Do you shave your self every day?
당신은 매일 면도하십니까

● MEMO

스스로의 힘으로 작성해 봅시다.

	English	Korean
01	apparently	
02	arithmetic	
03	course	
04	dimension	
05	farewell	
06	festival	
07	ground	
08	heal	
09	might	
10	pattern	
11	private	
12	protest	
13	script	
14	shave	
15	shoulder	
16	supply	
17	uniform	
18	wander	
19	wine	
20	wink	

MEMO

321 campaign
[kæmpéin] 캠페인

명 (사회적, 정치적) 운동, 캠페인

the slogan he used during the campaign 그가 선거 운동 사용한 표어

The school will start a campaign for traffic safety.
학교는 교통안전을 위한 캠페인을 시작할 것이다.

파생어 campaigner 운동가, 종군자,

322 whistle
[wísl] 위슬

명 휘파람, 호각, 휘슬

the sound of whistles 호각 소리

The final whistle finally blew.
드디어 종료 휘슬이 울렸다.

323 salmon
[sæmən] 쌜먼

명 연어

talk over a breakfast of salmon 아침 식사로 연어를 먹으면서 이야기하다

Mostly bears depend on salmon.
대체로 곰들은 연어에 의존하고 있다.

324 cap
[kæp] 캡

명 모자, 캡

take off your cap 네 모자를 벗다

Would you like to wear a cap?
모자 쓰기를 좋아하세요?

파생어 capper 뚜껑을 덮는 사람

● MEMO

325 attach
[ətǽtʃ] 어태치
동 붙이다. 첨부하다

attach a price tag on each violin 바이올린마다 가격표를 붙이다

I have attached my parents' signature.
나는 부모님의 서명을 첨부했다.

파생어 attached 덧붙여진, 첨부된
attachment 애착, 부착, 첨부

326 blanket
[blǽŋkit] 블랭킷
명 담요, 모포
동 덮다

the snow-blanketed Mt. Seorak 눈 덮인 설악산

The books were covered in the blanket.
책들이 모포에 싸여 있었다.

327 motor
[móutər] 모털
형 모터의, 자동차의, 운동의
명 전동기, 모터, 엔진, 운동 근육

a loss of motor skills 운동능력의 상실

Motor racing is an exciting and fast paced sport.
자동차 경주는 흥미롭고 빠르게 진행되는 스포츠이다.

파생어 motorize 엔진을 달다
motorial 운동의, 운동을 일으키는

328 fault
[fɔːlt] 펄트
명 잘못, 결점, 고장

my fault 나의 잘못

The company was not at fault.
회사가 잘못을 하지 않았다.

파생어 faulty 결점이 있는, 불완전한
faultless 결점이 없는, 완전한

● MEMO

329 window
[wíndou] 윈도우 　　📖 창, 창문

the window facing south　남향 창

Fresh air slipped in the bedroom window.
신선한 공기가 침실 창문을 통해 들어왔다.

파생어 windowless 창문이 없는

330 scary
[skéəri] 스케어리 　　📖 무서운, 두려운

when skating on this scary ice　이 무서운 얼음 위에서 스케이트를 탈 때

Most summer movies are scary.
대부분의 여름 영화는 무섭다.

파생어 scare 두려워하다, 놀라게하다
　　　scared 무서운, 두려워하는

331 buddy
[bʌ́di] 버디 　　📖 친구, 동료

our good buddy　우리의 좋은 친구

Buddy, do what you want.
친구여, 네가 원하는 것을 해라.

332 numerous
[njúːmərəs] 뉴머러스 　　📖 수많은, 다수의, 다양한

numerous stones　수많은 돌들

I had numerous arguments with my wife.
나는 아내와 무수히 많은 부부싸움을 했다.

파생어 number 수, 다수, 번호
　　　numerical 수의, 숫자상의

● MEMO

108

333 **thought** [명] 생각, 사상, 사고
[θɔːt] 쏘트

thousands of great thoughts 수천 가지의 훌륭한 생각들

Let me know her thoughts.
제게 그녀 생각을 알려 주세요.

[파생어] thoughtful 사려 깊은, 친절한, 생각에 잠긴
thoughtless 경솔한, 부주의한

334 **scholar** [명] 학자, 지식인
[skɑ́lər] 스칼럴

a few scholars 몇몇 학자들

The scholar is ready to pass on a secret to you.
그 학자는 네게 비밀을 전할 준비가 되어 있다.

[파생어] scholarly 학자의, 학구적인
scholastic 학업의

335 **journey** [명] 여행, 여정
[dʒə́ːrni] 절니

journey from one place to another 한 곳에서 다른 곳으로의 여행

I think that this journey is a little tiring.
나는 이번 여행이 다소 피곤하다고 생각한다.

[파생어] journeyer 여행자
[유의어] trip 여행, 방문하다

336 **army** [명] 군대
[ɑ́ːrmi] 알미

the Korean Army 한국군

In 2012, I was in the army.
2012년에 나는 군복무 중이었다.

MEMO

337 loud
[laud] 라우드

형 소리가 큰, 시끄러운
부 크게, 큰 소리로

a loud party 시끄러운 파티

Is the song too loud?
그 노래는 너무 큰가요?

반의어 **quiet** 조용히, 고요한, 침묵한
파생어 **loudly** 크게, 큰 소리로

338 mostly
[móustli] 모스틀리

부 주로, 대부분, 거의

mostly sunny days 대부분의 맑은 날들

Freshwater fish come mostly from the Yangtze.
민물 물고기는 주로 양쯔강에서 잡힌다.

파생어 **most** 최대[최고](의), 가장 많음[많은]

339 strap
[stræp] 스트랩

명 띠, 줄, 가죽 끈, 가죽 손잡이
동 가죽 끈으로 잡아매다

a long watch strap 긴 손목시계 줄

I caught a strap on the bus.
나는 버스에서 손잡이를 잡았다.

340 ant
[ænt] 앤트

명 개미

the big ants 큰 개미들

Ants are in my shoe.
개미들이 내 신발 안에 있다.

● MEMO

110

스스로의 힘으로 작성해 봅시다.

	English	Korean
01	ant	
02	army	
03	attach	
04	blanket	
05	buddy	
06	campaign	
07	cap	
08	fault	
09	journey	
10	loud	
11	mostly	
12	motor	
13	numerous	
14	salmon	
15	scary	
16	scholar	
17	strap	
18	thought	
19	whistle	
20	window	

● MEMO

341 scarce
[skɛərs] 스케얼스
형 부족한, 드문, 진귀한, 희귀한

scarce natural resources 부족한 지하자원

Food is still scarce in the region.
그 지방은 아직도 식량이 부족하다.

반의어 **plentiful** 풍부한, 많은
유의어 **rare** 희귀한, 드문

342 antelope
[ǽntilòup] 앤틸로프
명 영양(주로 아프리카나 아시아에서 볼 수 있는 사슴 비슷한 동물)

a herd of antelope 영양의 무리

Antelopes are used to warm climates.
영양은 온화한 기후에 익숙해져 있다.

343 carbohydrate
[kɑ̀:rbəháidreit] 칼버하이드레잇
명 탄수화물, 탄수화물을 포함하고 있는 음식

information on carbohydrate content 탄수화물 함유량에 관한 정보

Pizza provides our children with carbohydrates.
피자는 우리 아이들에게 탄수화물을 제공한다.

344 confine
[kənfáin] 컨파인
동 제한하다, 국한하다, 휠체어를 타는

the professor confined to a wheelchair 휠체어 신세를 져야 하는 교수

It is a nationwide trend, not confined to only one school.
그것은 한 학교에 국한된 것이 아니라 전국적인 트렌드이다.

파생어 **confined** 국한, 제한된, 갇힌
　　　　unconfined 제한받지 않은, 묶이지 않은

● MEMO

345 **dead**
[ded] 데드
웹 죽은, 생명을 잃은

dead trees 죽은 나무들

A house fire left three people dead.
집에 화재가 발생해 3명이 사망했다.

파생어 **death** 죽음, 사망, 사형
　　　deadly 치명적인, 위험한

346 **tension**
[ténʃən] 텐션
몡 긴장, 불안, 갈등

release the tension 긴장을 풀다

Mom came in as tension is rising.
엄마가 긴장이 고조되고 있는 가운데 들어오셨다.

파생어 **tense** 긴장한, 팽팽한
　　　tensely 긴장하여, 긴박하여

347 **seed**
[si:d] 씨드
몡 씨, 씨앗, 시드 배정된 경기자

the seed money 종자돈

Plants grow from small seeds.
식물은 조그만 씨앗에서 자란다.

파생어 **seedy** 지저분한, 더러운
　　　seedless 씨가 없는

348 **annoy**
[ənɔ́i] 어너이
통 괴롭히다, 귀찮게 하다, 성가시다, 짜증나게 하다

annoyed by a tradition of the school 학교 전통에 짜증 난

The birds and insects annoy Korean farmers.
새와 곤충들이 한국 농부들을 성가시게 한다.

파생어 **annoyance** 짜증, 성가심
　　　annoyer 짜증나게 하는 자

● MEMO

349 diploma
[diplóumə] 디플로머

명 졸업장, 학위

a middle school diploma 중학교 졸업장

We can't give a diploma to people who don't speak English well.
우리는 영어를 잘하지 못하는 사람들에게 학위를 줄 수 없다.

350 via
[váiə] 바이어

전 ~을 경유하여, 통하여, ~에 의해

publicize only via email 이메일을 통해서만 홍보하다

He is to arrive in Seattle via Hawaii.
그는 하와이를 경유해 시애틀에 도착하게 된다.

351 threat
[θret] 쓰렛

명 위협, 협박

military threats 군사 위협

Is the striker a big threat to our team?
그 공격수가 우리 팀에 아주 위협적인가?

파생어 threaten 위협하다, 협박하다
threateningly 위협적으로, 협박하듯이

352 seal
[si:l] 실

명 인장, 도장, (공익단체 등이 발행하는) 실, 바다표범, 물개
동 봉하다

her father's seal 그녀 아버지의 도장

He was nicknamed "Asian seal."
그는 '아시아의 물개'라는 별명으로 불렸다.

🔵 MEMO

353 **hesitant**
[hézitənt] 헤지턴트

형 머뭇거리는, 주저하는, 망설이는

your hesitant **heart** 망설이는 네 마음

I am hesitant to communicate with the teachers.
나는 선생님들과 대화하는 것을 주저한다.

파생어 hesitancy 주저, 망설임
    hesitantly 머뭇거리며, 우물거리며

354 **chaos**
[kéiɑs] 케이아스

명 혼돈, 혼란, 카오스

climate chaos 기후 혼란

A feeling of chaos can prevent you from being happy.
혼돈의 느낌이 네 행복을 막을 수 있다.

반의어 cosmos 우주, 코스모스, 질서
    chaotic 혼돈[혼란] 상태인

355 **ocean**
[óuʃən] 오션

명 바다, 해양

a vast ocean 드넓은 바다

The compass was used by sailors to navigate the oceans.
바다를 항해할 때 선원들에 의해 나침판이 사용됐다.

파생어 oceanic 대양[바다]의

356 **perceive**
[pərsí:v] 펄씨브

동 알아차리다, 인지하다, 인식하다, ~로 생각하다

perceive him as a lucky guy 그를 행운아라고 생각하다

We perceive our teachers to be quite hardworking.
우리는 선생님들이 아주 근면하시다는 것을 알고 있다.

파생어 perception 인식, 지각, 생각

● MEMO

357 hectic
[héktik] 헥틱
형 바쁜, 분주한, 매우 흥분한

a hectic schedule 몹시 바쁜 스케줄

She had a hectic day on Monday.
그녀는 월요일 바쁘게 보냈다.

파생어 hectically 정신없이 바쁜, 빡빡한

358 district
[dístrikt] 디스트릭트
명 지구, 지역

a densely populated district 인구 밀집 지역

Hundreds of supporters gathered in the district.
수백 명의 지지자들이 지역구에 모였다.

유의어 region 지방, 지역

359 destination
[dèstinéiʃən] 데스티네이션
명 목적지, 관광지, 여행지

a top tourist destination 최고 관광지

The sailors set sail for their destination.
선원들이 목적지를 향해 출항했다.

360 devote
[divóut] 디보트
동 바치다, 헌신하다, 전념하다

your devoted friend 너의 헌신적 친구

He has devoted most of his life to helping others.
그는 자신의 삶 대부분을 남을 돕는데 전 생애를 바쳤다.

파생어 devoted 헌신적인, 바쳐진, 전념하는
    devotion 헌신, 정성

● MEMO

스스로의 힘으로 작성해 봅시다.

	English	Korean
01	annoy	
02	antelope	
03	carbohydrate	
04	chaos	
05	confine	
06	dead	
07	destination	
08	devote	
09	diploma	
10	district	
11	hectic	
12	hesitant	
13	ocean	
14	perceive	
15	scarce	
16	seal	
17	seed	
18	tension	
19	threat	
20	via	

🔴 MEMO

361 scholarship 명 장학금, 학문
[skάlərʃip] 스칼러쉽

apply for a scholarship 장학금을 신청하다

My aim is to be a scholarship student.
나의 목표는 장학생이 되는 것이다.

파생어 scholar 학자

362 seminar 명 설명회, 세미나
[séminὰːr] 세미나

a closed-door seminar 비공개 세미나

Teaching is by lectures and seminars.
수업은 강의와 세미나로 한다.

363 consensus 명 합의, 의견의 일치
[kənsénsəs] 컨센서스

reach a consensus 일치를 보다

They failed in reaching a consensus.
그들은 합의점 도출에 실패했다.

364 misery 명 비참, 불행
[mízəri] 미저리

live in misery 비참하게 살다

Many people are not interested in human misery.
많은 사람이 인간의 불행에 관심이 없다.

파생어 miserable 비참한, 불행한
miserably 비참하게, 불쌍하게

● MEMO

365 devotion
[divóuʃən] 디보션 · 몡 헌신, 전념

devotion to her work 그녀의 일에 대한 헌신

The devotion to one thing is not easy.
한 가지 일에 전념하는 것은 쉬운 일이 아니다.

파생어 devote 헌신하다, 전념하다
　　　 devoted 헌신적인, 전념하는

366 airtight
[ɛ́ərtàit] 에얼타잇 · 혱 공기가 통하지 않는, 밀폐된

airtight windows 밀폐된 창문들

It forms an airtight ball.
밀폐한 공이 만들어진다.

367 tumble
[tʌ́mbl] 텀블 · 됭 넘어지다, 굴러 떨어지다, 떨어지게 하다

tumble off a bicycle 자전거에서 떨어지다

Many people tumbled into the river below.
많은 사람이 강 아래로 떨어졌다.

유의어 fall 떨어지다, 감소하다

368 rapidly
[rǽpidli] 래피들리 · 뷔 빨리, 급속히

spread rapidly around the world 전 세계적으로 급속히 퍼지다

It is rapidly cooling.
그것은 빨리 식고 있다.

파생어 rapid 빠른, 급속한
유의어 quickly 빨리, 빠른, 신속히

● MEMO

369 mile
[mail] 마일
형 마일, 상당한 거리

the 160-mile-long demilitarized zone 160마일의 비무장지대

My home from school is about a mile away.
학교에서 대략 1마일 되는 곳에 우리 집이 있다.

370 mainly
[méinli] 메이닐리
분 대개는, 주로

mainly learn how to cook 주로 요리하는 법을 배우다

That animal is active mainly at night.
그 동물은 주로 밤에 활동한다.

유의어 mostly 대부분, 주로, 거의

371 blackout
[blǽkàut] 블랙아웃
형 정전(停電)

a long blackout 오랜 정전

There was a blackout in Tokyo.
도쿄에서 정전이 발생했다.

372 confusing
[kənfjúːziŋ] 컨퓨징
형 당황케 하는, 혼란시키는

a high confusing world 아주 혼란스러운 세계

It can be confusing to them.
그것은 그들에게 혼란을 줄 수 있다.

파생어 confuse 혼란스럽다, 혼동하다, 당황하게 하다
　　　 confusion 혼란, 혼동, 논란

● MEMO

373 singular
[síŋgjulər] 싱귤럴   형 단일의   명 단수

a singular system   단일 체계

The words are usually used in the singular.
그 단어들은 보통 단수로 사용된다.

파생어 single   하나의, 단일의
     singly   단독으로, 하나씩

374 viewpoint
[vjú:pɔ̀int] 뷰포인트   명 보이는 지점, 견해, 관점

from the viewpoint of   ~의 관점에서 보면

The viewpoint gave us a wonderful waterfall.
그 지점에 서자 멋진 폭포가 눈에 들어왔다.

375 magical
[mǽdʒikəl] 매지컬   형 마술의, 마술적인

magical powers   마술적인 힘

Is there a magical world?
마술의 세계가 있니?

파생어 magic   마술, 마법
     magician   마술사

376 dandelion
[dǽndəlàiən] 댄덜라이언   명 민들레

thousands of dandelion seeds   수천 개의 민들레 씨앗

Dandelions are found across the country.
민들레는 전국에서 볼 수 있다.

🖊 MEMO

377 **immediately** 변 곧, 즉시, 당장에
[imí:diətli] 이미디어틀리

contact the principal immediately 즉시 교장 선생님에게 연락을 취하다

I wrote to you immediately.
나는 즉시 네게 편지를 썼다.

유의어 **soon** 곧, 빨리, 조만간
　　quickly 빨리, 빠른, 신속히

378 **juggle** 뗑 공을 꼭 잡지 못하여 글러브 안에서 튀기는 일
[dʒʌ́gl] 저글 롱 (공·접시 등으로) 곡예를 하다, 요술을 부리다, (시간·일 등을) 잘 조절하다

juggle nine balls 공 9개를 가지고 곡예를 하다

The conjurer juggles with two balls.
그 요술쟁이는 두 개의 공으로 요술을 부린다.

파생어 **jugglery** 마술, 요술, 사기

379 **netizen** 뗑 네티즌 (컴퓨터 네트워크 사용자)
[nétizn] 네티즌

survey 100 netizens 네티즌 100명을 설문 조사하다

The novelist is so popular among the netizens.
그 소설가는 네티즌들에게 인기가 많다.

380 **valve** 뗑 판(瓣), 판막(瓣膜), 밸브
[vælv] 밸브

turn the gas valve off 가스 밸브를 차단하다

The valves control rain water.
빗물 조절 밸브다.

파생어 **valvate** 판(瓣)이 있는, 판으로 여닫는
　　valvular 판의, 판 모양의, 판이 있는

● MEMO

스스로의 힘으로 작성해 봅시다.

	English	Korean
01	airtight	
02	blackout	
03	confusing	
04	consensus	
05	dandelion	
06	devotion	
07	immediately	
08	juggle	
09	magical	
10	mainly	
11	mile	
12	misery	
13	netizen	
14	rapidly	
15	scholarship	
16	seminar	
17	singular	
18	tumble	
19	valve	
20	viewpoint	

● MEMO

381 vast
[væst] 배스트

형 막대한, 광대한

a vast amount of information 막대한 양의 정보

The ancestors have given vast resources to us.
조상님들이 우리에게 막대한 자원을 주셨다.

파생어 vastness 광대(함), 광대한 넓이
　　　vastly 대단히, 엄청나게

382 awl
[ɔːl] 얼

명 송곳

dangerous things like an awl 송곳과 같은 위험한 물건들

Hammer is to carpenter as awl is to shoemaker.
망치가 목수와 관련 있는 것처럼 송곳은 구두수선인과 관련이 있다.

383 surgery
[sɜ́ːrdʒəri] 쓸저리

명 외과, 수술

a heart surgery 심장 수술

My daddy will undergo ankle surgery at a clinic.
나의 아빠는 병원에서 발목 수술을 받으실 것이다.

파생어 surgical 외과의, 수술의

384 braille
[breil] 브레일

명 점자

a letter written in braille 점자로 쓰여진 편지

The blind man is using braille to read the textbook.
그 시각장애인은 점자를 이용해서 교과서를 읽고 있다.

🟢 MEMO

385 inference
[ínfərəns] 인퍼런스 　　(명) 추론, 추측, 추정

the neighbors' inference　이웃들의 추론

Why not use inference to understand the author's intentions?
저자의 의도를 이해하기 위해 추론법을 쓰는 게 어때요?

파생어 infer　추론하다, 추측하다

386 subtle
[sʌ́tl] 서틀 　　(형) 미묘한, 섬세한, 교묘한

the subtle influence of Mother Nature　대자연의 미묘한 영향력

Someone is trying to hurt you in subtle ways.
누군가가 교묘하게 너를 해하려 하고 있다.

파생어 subtlety　미묘함, 교묘함, 절묘함
　　　subtlely　미묘한, 감지하기 힘든

387 abuse
[əbjúːs] 어뷰즈 　　(명) 남용, 오용
　　　　　　　　　　(동) [əbjúːz] 남용하다, 욕하다, 학대하다

the abuse of power　권력 남용

Abusing his or her position makes us sad.
지위를 남용하는 것은 우리를 슬프게 만든다.

파생어 abusive　욕설을 퍼붓는, 남용하는
　　　abusable　남용될 수 있는

388 accumulate
[əkjúːmjulèit] 어큐뮬레이트 　　(동) 쌓다, 축적하다, 누적하다

accumulate wealth　부를 축적하다

A lot of sand has accumulated in the playground.
모래가 운동장에 수북이 쌓였다.

파생어 accumulation　축적, 누적

● MEMO

389 species
[spíːʃiːz] 스피시스

명 종(種) (생물 분류의 기본 단위)

change into different species 다른 종으로 변하다

That will make us a species of animal.
그것은 우리를 동물의 일종으로 만들 것이다.

파생어 **specific** 구체적인, 명확한, 분명한

390 cultivate
[kʌ́ltivèit] 컬티베이트

동 경작하다, 재배하다, 익히다

cultivate baby tomatoes 방울토마토를 재배하다

The people cultivate mainly rice and beans.
그 사람들은 주로 쌀과 콩을 재배한다.

파생어 **cultivation** 경작, 재배

391 spoil
[spɔil] 스포일

동 망치다, 상하다, 상하게 하다

get sick from milk that is spoiled 상한 우유를 마셔서 탈이 나다

The heavy rain spoiled the crops.
큰 비가 농작물을 망쳐 버렸다.

파생어 **spoiled** 버릇없이 자란
unspoiled 황폐되지 않은, 타락하지 않은

392 cherish
[tʃérǐʃ] 체리쉬

동 소중히 하다, 고이 간직하다

continue to cherish birds 계속해서 새를 소중히 하다

Can you remember how he cherishes them?
그가 그들을 얼마나 소중히 생각하는지 기억할 수 있니?

파생어 **cherishe** 소중히 여기다, 아끼다

🍀 MEMO

393 victim
[víktim] 빅팀

명 희생자, 피해자, 이재민

victims of the storm 그 폭풍의 희생자

Robert fell victim to the traffic accident.
로버트는 교통사고의 희생자였다.

파생어 victimize 부당하게 괴롭히다, 희생시키다

394 interfere
[ìntərfíər] 인터피얼

동 간섭하다, 방해하다

have the right to interfere 간섭권을 갖다

The cold winter wind interferes with my work.
차가운 겨울바람이 나의 일을 방해한다.

파생어 interfering 간섭하는, 참견하기 좋아하는

395 bias
[báiəs] 바이어스

명 편견, 편향, 선입견

my teacher's bias 나의 선생님의 편견

The press must not show any bias.
언론은 어떠한 경우도 편향되어서는 안 된다.

파생어 biased 치우친, 편견을 가진, 편중된
unbiased 편견 없는, 공정한, 공평한

396 budget
[bʌ́dʒit] 버짓

명 예산, 예산안. 재정

live within the budget 예산 내에서 살다

I was on a tight budget at that time.
나는 그 당시 예산이 빠듯했다.

파생어 budgetary 예산의, 예산상의
budgeter 예산 위원

● MEMO

397 addict
[ǽdikt] 애딕트

명 중독자
동 [ədíkt] ~에 빠지다, 탐닉하다, 중독되다

drug addicts 마약 중독자들

The clinic has treated over 1,000 cocaine addicts.
그 병원은 1천명 이상의 코카인 중독자들을 치료해 왔다.

파생어 addiction 중독, 과몰입

398 insane
[inséin] 인세인

형 제정신이 아닌, 미친

appear insane 미친 것처럼 보이다

He acts like an insane person.
그는 미친 사람처럼 행동한다.

반의어 sane 제정신의, 온전한, 건전한
유의어 crazy 미쳐있는, 말도 안 되는, 정신나간

399 villain
[vílən] 빌런

명 악당, 악한, 악역

villains in literary works 문학 작품에서의 악당들

That villain must retire for good.
그 악한은 영원히 은퇴해야 한다.

400 submit
[səbmít] 서밋

동 제출하다, 제시하다

submit an application to a high school 고등학교에 응시원서를 제출하다

Students are required to submit a term paper.
학생들은 리포트를 제출할 필요가 있다.

파생어 submission 제출, 지원

● MEMO

스스로의 힘으로 작성해 봅시다.

	English	Korean
01	abuse	
02	accumulate	
03	addict	
04	awl	
05	bias	
06	braille	
07	budget	
08	cherish	
09	cultivate	
10	inference	
11	insane	
12	interfere	
13	species	
14	spoil	
15	submit	
16	subtle	
17	surgery	
18	vast	
19	victim	
20	villain	

● MEMO

401 overjoy
[òuvərdʒɔ́i] 오벌조이   동 매우 기뻐하다, 기쁨에 넘치게 하다

be overjoyed at the news 그 보도를 듣고 몹시 기뻐하다

She was overjoyed to talk to him in person.
그와 직접 이야기하게 되어 그녀는 정말 기뻤다.

파생어 joy 기쁨

402 donkey
[dáŋki] 당키   명 당나귀, 얼간이

the sound of a white donkey 흰 당나귀 소리

He saw a little donkey.
그는 작은 당나귀를 보았다.

403 appliance
[əpláiəns] 어플라이언스   명 기구, 장치, 전기 제품

home appliances 가전제품들

Mom unplugs all appliances when not using them.
엄마는 전자제품을 사용하지 않을 때는 플러그를 모두 빼 놓으신다.

파생어 apply 적용하다, 지원하다
     application 적용, 응용, 활용

404 entire
[intáiər] 인타이얼   형 전체의, 완전한

change the future of the entire nation 나라 전체의 미래를 바꾸다

Our entire life may depend on today's exam.
우리의 인생 전체가 오늘 시험에 달려있지도 모른다.

파생어 entirety 전체, 전부
유의어 whole 전체, 모든, 전, 완전히

● MEMO

405 **punishment**
[pʌ́niʃmənt] 파니쉬먼트 명 처벌, 체벌, 벌

the ancient form of punishment 고대의 처벌 형태

Our students got minimum punishment.
우리 학생들은 최소한의 벌을 받았다.

파생어 punish 처벌하다, 벌을 주다
　　　punishable 처벌해야 할, 벌 줄 수 있는

406 **cub**
[kʌb] 컵 명 (곰·늑대·호랑이·사자 등의) 새끼, 애송이, 풋내기

a cub reporter 풋내기 기자

The panda cub is playing in a tree.
새끼 판다가 나무에서 놀고 있다.

파생어 cubbish 새끼 짐승 같은

407 **nod**
[nad] 나드 명 끄덕임
　　　　동 끄덕이다, 졸다

nod your head 네 고개를 끄덕이다

The manager nodded in agreement.
감독이 동의의 뜻으로 고개를 끄덕였다.

408 **habitually**
[həbítʃuəli] 허비츄얼리 명 노상, 늘, 습관적으로

habitually make excuses 습관적으로 발뺌하다

The cat comes here habitually.
그 고양이는 습관적으로 이곳에 온다.

파생어 habit 습관, 버릇, 관습
　　　habitual 습관적인, 상습적인

● MEMO

409 dad
[dæd] 대드
명 아빠

Good old Dad! 사랑하는 우리 아빠!

Dad checks the garden.
아빠가 정원을 살펴본다.

410 giraffe
[dʒəræf] 저래프
명 기린

a two-year-old short giraffe 두살 된 키 작은 기린

The giraffe **is so close that you can touch it.**
기린이 아주 가까이에 있어 만질 수 있다.

411 everywhere
[évriwèər] 에브리웨얼
부 어디에서나, 도처에
접 어디에 ~라도　명 모든 곳, 도처

follow them everywhere 어디에서나 그들을 따라오다

I've looked everywhere.
나는 모든 곳을 다 찾아보았다.

412 weigh
[wei] 웨이
동 무게를 달다, 무게가 나가다

weigh **potatoes** 감자의 무게를 달다

He weighed **the meat in the scales.**
그는 저울에 고기의 무게를 달았다.

파생어 **weight** 체중, 무게
　　　 overweight 과체중, 초과 중량

● MEMO

132

413 **afterward**
[ǽftərwərd] 애프터월드

♥ 뒤에, 나중에, 이후, 그 후

two months afterward 두 달 후에

Mike ran out of money afterward.
마이크는 그 후에 돈이 다 떨어졌다.

414 **junk**
[dʒʌŋk] 정크

® 고물, 잡동사니. 쓰레기

space junk 우주쓰레기

Junk **yards are filled with old boxes.**
고물상은 낡은 상자로 가득 차 있다.

유의어 garbage 쓰레기, 찌꺼기

415 **catering**
[kéitəriŋ] 케이터링

® 연회용 요리, 출장 요리, 출장 연회 업

catering **service** 출장요리 서비스

She is studying catering **service.**
그녀는 출장 요리 업을 공부하고 있다.

416 **shrimp**
[ʃrimp] 쉬림프

® 새우

deep-fried shrimp 새우튀김

Shrimps **and blue crabs appeared.**
새우와 꽃게가 나타났다.

● MEMO

417 **florist**
[flɔ́:rist] 플러리스트

圐 꽃장수, 꽃가게 주인, 화초 연구가

a member of the Korea Florist Association 한국화훼협회 회원

A florist plays a role as a gardener.
화초 연구가가 정원사 노릇을 한다.

418 **server**
[sə́:rvər] 설벌

圐 섬기는 사람, 근무자, 서버, 종업원

hear news from the server 식당 종업원한테 소식을 듣다

The server had to work at a restaurant.
종업원은 식당에서 일을 해야 했다.

파생어 **service** 서비스, 봉사, 근무
　　　 serve 제공하다, 복무하다, 봉사하다

419 **tendency**
[téndənsi] 텐던씨

圐 경향, 추세

have a tendency to ~의 경향이 있다

This kind of tendency is happening in class.
이런 경향이 수업 중에 나타나고 있다.

파생어 **tend** 경향이 있다
　　　 tendentious 과격한, 극단적인

420 **recess**
[risés] 리세스

圐 쉼, 휴식, 휴회, 휴정

Christmas recess 크리스마스 휴가

the Assembly is now in recess.
국회는 휴회 중이다.

파생어 **recede** 물러나다, 멀어지다
유의어 **vacation** 정기 휴가, 휴가

● MEMO

스스로의 힘으로 작성해 봅시다.

	English	Korean
01	afterward	
02	appliance	
03	catering	
04	cub	
05	dad	
06	donkey	
07	entire	
08	everywhere	
09	florist	
10	giraffe	
11	habitually	
12	junk	
13	nod	
14	overjoy	
15	punishment	
16	recess	
17	server	
18	shrimp	
19	tendency	
20	weigh	

MEMO

421 **prejudice**
[prédʒudis] 프리쥬디스   명 편견, 선입관

have a prejudice   편견을 가지다

I'm not happy with his racial prejudice.
나는 그의 인종 편견이 맘에 안 든다.

422 **spade**
[speid] 스페이드   명 삽, [카드] 스페이드
    동 삽으로 파다

spade **the soil**   삽으로 땅을 파다

The gardener started to do the spade **work.**
정원사가 삽질을 시작했다.

423 **captivate**
[kǽptivèit] 캡티베이트   동 ~의 마음을 사로잡다, 매혹하다, 현혹시키다

captivate **one's heart**   마음을 확 사로잡다

I am captivated **with the music of Mozart**
나는 모차르트의 음악에 사로잡혔다.

파생어 captivation 매혹, 매력, 매혹된 상태
유의어 charm 매력, 매혹하다

424 **Arctic**
[ɑ́:rktik] 알틱   형 북극의
    명 북극

the Arctic **Circle** 북극권

A woman was dropped into Arctic **waters.**
한 여성이 북극해에 빠졌다.

반의어 antarctic 남극의

● MEMO

425 **precise**
[prisáis] 프리사이즈   형 정확한, 정밀한

the precise meaning 정확한 의미

I got up early in the morning, at 4 a.m. to be precise.
아침 일찍이 일어났다. 정확히 말하면 새벽 4시에 기상했다.

파생어 precision 정밀, 정확
     precisely 정확히, 정밀하게

426 **insist**
[insíst] 인시스트   동 고집부리다, 주장하다, 우기다

insist on his participating in the party 그가 파티에 참석할 것을 주장하다

Sid insisted that we go on a picnic.
시드는 우리가 소풍을 가야한다고 고집을 부렸다.

파생어 insistence 강력한 주장, 단언
     insistent 끈덕진, 집요한, 고집하는

427 **lest**
[lest] 레스트   접 ~하지 않게, ~하면 안 되니까, ~하지나 않을까

lest you should forget 잊지 않도록

Hurry up lest we miss the last bus.
마지막 버스를 놓치지 않기 위해 서둘러라.

428 **raw**
[rɔ:] 러우   형 날것의, 생의, 가공하지 않은, 원료 그대로의

raw materials 원자재들

The aunt bit into the raw tomato.
숙모님은 생토마토를 베어 물었다.

파생어 rawness 생것, 날것
     rawish 날것의, 미숙한

● MEMO

429 dominate
[dámineit] 다미네이트 · ⑧ 압도하다, 지배하다

dominate the market 시장을 지배하다

As a child he was dominated by his father.
그는 어렸을 때 아버지에게 지배를 당했다.

파생어 dominant 지배적인, 우세한
dominance 지배, 우세

430 compact
[kəmpǽkt] 컴팩트 · ⑧ 치밀한, 조밀한, 소형의

a factory to produce compact boxes 소형 상자를 생산하는 공장

More people are buying compact electric cars.
소형전기차를 사는 사람들이 늘어나고 있다.

파생어 compactness 빽빽함, 소형임
compaction 꽉 채움[

431 crumb
[krʌm] 크럼 · ⑨ 부스러기, 작은 조각, 빵가루

a little crumb on the table 탁자 위에 약간의 빵가루

My daughter gave the dog bread crumbs.
나의 딸은 빵부스러기를 개에게 주었다.

반의어 crust 지각, 표면, 껍질
파생어 crumby 빵 부스러기투성이의

432 cane
[kein] 케인 · ⑨ 지팡이, 줄기

an old woman with a cane 지팡이를 짚은 나이든 여자

Cane is also used for furniture.
등나무 줄기는 가구 재료로도 사용된다.

파생어 caner 등의자 장인

● MEMO

433 rubble
[rʌ́bl] 러블   명 파편, 돌 부스러기, 잔해

the rubble caused by the earthquake 지진에 의해 생긴 잔해들
The two were found under the building rubble.
두 사람은 건물 잔해 속에서 발견되었다.

파생어 **rubbly** 조각이 많은, 잡석으로 된

434 grateful
[gréitful] 그레이트풀   형 감사하는, 고마운

should be grateful to his fans 그의 팬들에게 감사를 해야 한다
The teacher and students were very grateful.
교사와 학생들은 매우 감사해 했다.

파생어 **gratitude** 감사, 고마움, 사의
gratefully 기꺼이, 감사하여

435 dignity
[dígniti] 디그니티   명 위엄, 존엄, 품위

human dignity 인간의 존엄성
We feel the necessity of dying with dignity.
우리는 품위 있게 죽을 필요성을 느낀다.

파생어 **dignify** 위엄[품위] 있어 보이게 하다

436 creek
[kri:k] 크릭   명 개울, 시내, 지류

all kinds of fish living in the creek 개울에 사는 각종 물고기들
We arrived at a small creek.
우리는 조그만 개울에 다달았다.

● MEMO

437 **plow**
[plau] 플라우

[명] 쟁기
[동] (땅을) 쟁기로 갈다

plow the fields without any rest 쉬지 않고 밭을 갈다

Can plowing the soil have a positive effect on plant growth?
땅을 가는 것이 식물 성장에 긍정적인 영향을 미칠 수 있나?

438 **ultimate**
[ʌ́ltimit] 얼티밋

[형] 종국의, 궁극적인, 최고의

the ultimate goal of our education 우리 교육의 궁극적인 목표

Wealth is her ultimate goals in life.
부는 그녀 인생의 궁극적인 목표다.

파생어 ultimately 마침내, 결국, 최후

439 **trunk**
[trʌŋk] 트랑크

[명] (나무의) 줄기, 여행용 큰 가방,
트렁크, (권투나 수영 등에서 남성용) 짧은 반바지, (코끼리) 코

a spacious trunk of a car 차의 넓은 트렁크

The beds are made of tree trunks.
이 침대들은 나무줄기로 만들었다.

파생어 trunkful 트렁크 하나 가득

440 **gender**
[dʒéndər] 젠덜

[명] 성(性), 성별

a gender imbalance 성비의 불균형

Race, gender and age should not matter.
인종과 성, 나이가 중요해서는 안 된다.

파생어 genderless 무성(無性)의

MEMO

스스로의 힘으로 작성해 봅시다.

	English	Korean
01	Arctic	
02	cane	
03	captivate	
04	compact	
05	creek	
06	crumb	
07	dignity	
08	dominate	
09	gender	
10	grateful	
11	insist	
12	lest	
13	plow	
14	precise	
15	prejudice	
16	raw	
17	rubble	
18	spade	
19	trunk	
20	ultimate	

MEMO

441 **correspond** [동] 일치하다, 편지 왕래를 하다, 소식을 주고받다
[kɔ̀:rəspɑ́nd] 커러스판드

correspond with many golfers 많은 골프 선수와 서신을 주고받다

The Greek letter corresponds to the English i.
그 그리스어 철자는 영어 i에 해당된다.

파생어 correspondence 서신[편지]
correspondingly 부응하여, 서로 맞게

442 **feedback** [명] 반응, 의견, 피드백
[fí:dbæ̀k] 피드백

helpful feedback 유익한 피드백

The feedback on his presentation was good.
그가 한 발표는 좋은 반응을 얻었다.

유의어 response 반응, 대응, 응답

443 **bookkeeping** [동] 부기, 장부 기록
[búkkì:piŋ] 북키핑

a bookkeeping department 경리부

She is still doing bookkeeping.
그녀는 여전히 장부를 정리하고 있다.

444 **neutral** [형] 중립의
[명] 중립, 뉴트럴
[njú:trəl] 뉴트럴

remain neutral 중립을 지키다

Our position on this hot issue is neutral.
이 핫이슈에 대해 우리는 중립적 입장이다.

파생어 neutrality 중립, 중립 상태
neutralize ~을 중화하다, ~을 중립으로 하다

MEMO

445 **underline** [동] 밑줄을 치다, 강조하다, 뒷받침하다
[ʌ́ndərlàin] 언덜라인

underline important words 중요한 말들에 밑줄을 치다

The film underlined the importance of friendship.
영화는 우정의 중요성을 강조했다.

446 **definition** [명] 정의(定義), 말뜻, 선명도
[dèfiníʃən] 데피니션

our definition of happiness 우리의 행복에 대한 정의

Write the definition of each word in English.
각 단어의 정의를 영어로 쓰세요.

파생어 define 정의하다, 말한다, 규정하다
definite 명확한, 분명한, 확실한

447 **underpants** [명] 팬츠, 속바지
[ʌ́ndərpæ̀nts] 언덜팬츠

male underpants 남성용 팬츠

Can I find underpants?
제가 팬츠를 찾을 수 있을까요?

448 **stimulation** [명] 자극, 촉진, 흥분
[stìmjuléiʃən] 스티뮬레이션

fresh mental stimulation 신선한 정신적 자극

With this natural stimulation babies grow.
이러한 자연적인 자극과 더불어 아기는 성장한다.

MEMO

449 cattle
[kǽtl] 캐틀

명 (집합적으로) 소

Korean beef cattle 한우

Cattle was selling for 4 million won per head.
소가 두 당 4백만 원에 팔리고 있었다.

유의어 COW 소, 젖소, 암소

450 landmark
[lǽndmàːrk] 랜드말크

형 기념비적인
명 경계표, 역사적인 건물, 랜드마크

landmark buildings 명소

The familiar landmark is seen over there.
친숙한 랜드 마크가 저쪽에 보인다.

451 concentration
[kɑ̀nsəntréiʃən] 칸선트레이션

명 집중, 집중력, 농축

concentration of population 인구 집중

Tiredness affects your powers of concentration.
피로는 사람의 집중력에 영향을 미친다.

파생어 concentrate 집중시키다, 농축되다
concentrated 집중된, 밀집한, 농축된

452 according
[əkɔ́ːrdiŋ] 어콜딩

형 ~에 따라서, ~에 의하면 , 일치하여

according to this graph 이 그래프에 따르면

They contacted her family, according to him.
그의 말에 따르면 그들은 그녀 가족과 연락을 취했다.

파생어 accord 협정, 합의, 허용하다
accordance ~에 따라, 일치

● MEMO

144

453 input
[ínpùt] 인풋

(명) 투입, 유입, 입력
(동) 입력하다

input into ~에 입력하다

The student inputted wrong information on the form.
그 학생은 잘못된 정보를 원서에 입력했다.

반의어 output 출력, 생산

454 spectrum
[spéktrəm] 스펙트럼

(명) 빛띠, 스펙트럼

sound spectrum 음향 스펙트럼

The spectrum of Korean films is wider than ever.
한국영화의 스펙트럼이 전보다 더 넓어졌다.

455 beneficial
[bènifíʃəl] 베니피셜

(형) 도움이 되는, 유익한

a beneficial result 유익한 결과

Any events are very beneficial to the local economy.
어떠한 행사도 지역 경제에 매우 도움이 된다.

파생어 benefit 이익, 혜택
beneficiary 수혜자, 수익자

456 choral
[kɔ́:rəl] 코럴

(형) 합창의, 합창으로 부르는

choral music 합창 음악

The city choir will hold a concert with a church choral group.
시립합창단은 교회합창단과 콘서트를 열 것이다.

파생어 chorally 합창으로

● MEMO

457 **whoever**
[hu:évər] 후에벌
㈜ 누구든지, 누가 ~하더라도

bring luck to whoever has it 그것을 소유한 사람 누구에게나 행운이 온다

Whoever breaks this rule will be asked to clean the classroom.
누구든지 이 규칙을 어기는 자는 교실을 청소하게 될 것이다.

458 **observer**
[əbzə́:rvər] 옵저벌
㈜ 관찰자, 옵서버, 감시자, 목격자

the UN observer group UN감시단

An observer said that they had left the country.
그들이 이 나라를 떠났다고 한 관찰자가 밝혔다.

파생어 observe 관찰하다
　　　observation 관찰

459 **pronunciation**
[prənʌ̀nsiéiʃən] 프러넌시에이션
㈜ 발음

her excellent pronunciation 그녀의 뛰어난 발음

His pronunciation is perfect.
그의 발음은 완벽하다.

파생어 pronounce 발음하다

460 **paradigm**
[pǽrədàim] 패러다임
㈜ 이론적 틀, 사고방식, 패러다임, 전형적인 예

a paradigm for students to copy 학생들이 본받아야 할 전형적인 모범

A paradigm should be created for a better society.
더 나은 사회를 위한 패러다임이 만들어져야 한다.

파생어 paradigmatic 모범의, 전형적인

● MEMO

스스로의 힘으로 작성해 봅시다.

	English	Korean
01	according	
02	beneficial	
03	bookkeeping	
04	cattle	
05	choral	
06	concentration	
07	correspond	
08	definition	
09	feedback	
10	input	
11	landmark	
12	neutral	
13	observer	
14	paradigm	
15	pronunciation	
16	spectrum	
17	stimulation	
18	underline	
19	underpants	
20	whoever	

● MEMO

461 impossibility 명 불가능, 불가능한 일
[impàsəbíləti] 임파서빌러티

seem like an impossibility 불가능해 보이다

You should accept impossibility.
불가능을 받아들여야 한다.

반의어 possibility 가능성, 기회
파생어 impossible 불가능한, ~할 수 없는

462 complicated 형 복잡한, 난해한
[kámplikèitid] 캄플리케이티드

a complicated system 복잡한 시스템

Korea's traffic system is very complicated.
한국의 교통 체계는 매우 복잡하다.

파생어 complicate 복잡한, 어려운
complication 분규, 복잡

463 counterpart 명 (한 쌍의) 한 쪽, 상대방, 해당 상대
[káuntərpà:rt] 카운터팔트

have a counterpart in ~에 대응하는 사람이 있다

Korean students study hard with their European counterparts.
한국 학생들이 유럽 학생들과 함께 열심히 공부한다.

파생어 partly 부분적으로, 일부, 어느 정도는
partial 부분적인, 국소, 일부의

464 pioneer 명 개척자, 선구자, 선두주자
[pàiəníər] 파이어니얼

the true space pioneers 진정한 우주개척자들

She is a pioneer of Korea's modern dance.
그녀는 한국 현대무용의 선구자이다.

● MEMO

465 underneath
[ʌ̀ndərníːθ] 언덜니쓰

전 ~의 아래에
부 아래에

underneath the table 테이블 아래에

I put the textbook underneath my desk.
나는 교과서를 책상 아래에 놓았다.

466 patriot
[péitriət] 페이트리엇

명 애국자, 우국지사

the patriots who fought for Korea 한국을 위해 싸운 애국자들

She grew up to be a great poet and patriot.
그녀는 자라서 위대한 시인이자 애국자가 되었다.

파생어 patriotic 애국의
patriotism 애국심

467 welder
[wéldər] 웰덜

명 용접공, 용접기

depend on the skills of welders 용접공들의 기술에 의존하다

He is working as a welder.
그는 용접공으로 일하고 있다.

파생어 weld 용접하다

468 political
[pəlítikəl] 폴리티컬

형 정치, 정치에 관한, 정치학의, 정계에서 유력한

important political changes 정치적으로 중요한 변화들

The two men left Korea for political reasons.
두 사람은 정치적 이유로 한국을 떠났다.

파생어 politics 정치, 정계
politically 정치적으로, 정략적으로

● MEMO

469 **zoologist**
[zoudɪədʒist] 주알러지스트

명 동물학자

ask a zoologist 동물학자에게 질문하다

She is a French zoologist of 33 books.
그녀는 책 33권을 쓴 프랑스 동물학자이다.

470 **trim**
[trim] 트림

명 장식
동 깎아 다듬다, 손질하다

to trim a hedge 생울타리를 손질하다

Do you want to get your hair trimmed a little?
머리 조금 다듬어 드릴까요?

471 **unease**
[ʌníːz] 언이즈

명 불안, 불안감, 우려

a sense of unease 불안감

The unease remains among us.
불안이 우리 사이에 남아 있다.

파생어 uneasy 불안한, 불편한, 쉽지 않은
uneasily 불안한 듯이, 걱정이 되어

472 **dine**
[dain] 다인

동 ~와 식사를 하다, 정찬을 먹다

dined with his friends 친구들과 식사를 같이 했다

We dined with my parents at a restaurant in town.
우리는 시내 식당에서 나의 부모님을 모시고 식사를 했다.

파생어 dinner 식사[밥], 정식

● MEMO

473 **seashore**
[síːʃɔ̀ːr] 시쇼얼

명 해안, 물가, 바닷가

walk on the seashore 바닷가를 거닐다

We got to the seashore at 10:10.
우리는 10시 10분에 해안에 도착했다.

유의어 seaside 해안, 바닷가, 해변
　　　 coast 해안, 연안, 해변

474 **grenade**
[grinéid] 그리네이드

명 수류탄

throw a hand grenade 수류탄을 투척하다

They used grenades to kill many service members.
그들은 많은 군인들을 살상하기 위해 수류탄을 사용했다.

475 **medieval**
[mìːdíːvəl] 미디벌

형 중세의

medieval Christians 중세 기독교인들

I have to study medieval history.
나는 중세사를 공부해야 한다.

파생어 medievalize 중세풍으로 하다
　　　 medievally 중세풍으로

476 **chew**
[ʧuː] 츄

동 씹다, 심사숙고하다

chew the gum 껌을 씹다

This has changed my ability to chew.
이로 인해 나의 씹는 능력이 바뀌었다.

● MEMO

477 currency
[kə́:rənsi] 커런씨

® 통화, 통용

paper currency 지폐

The won is the Korean currency.
원은 한국의 화폐 단위 명칭이다.

파생어 current 현재의, 지금의

478 eventually
[ivéntʃuəli] 이벤튜얼리

⊕ 결국, 마침내, 언젠가는, 최종적으로

will eventually find the kid 언젠가 아이를 발견하게 될 것이다

Eventually pain disappeared.
결국 고통은 사라졌다.

파생어 eventual 최후의, 궁극적인
　　　eventful 다사한, 중대한

479 norm
[nɔ:rm] 놈

® 표준, 기준, 규범

cultural norms 문화적 규범

It is important to check the social norms.
사회 규범을 점검하는 것은 중요하다.

파생어 normal 정상, 일반적인, 보통의
　　　normally 보통, 일반적으로, 정상적으로

480 ostrich
[ɑ́:stritʃ] 아스트리취

® 타조

act like an ostrich 타조처럼 어리석은 짓을 하다

Ostriches were once sold at very expensive prices.
타조는 한때 매우 비싸게 팔렸다.

🍏 MEMO

스스로의 힘으로 작성해 봅시다.

	English	Korean
01	chew	
02	complicated	
03	counterpart	
04	currency	
05	dine	
06	eventually	
07	grenade	
08	impossibility	
09	medieval	
10	norm	
11	ostrich	
12	patriot	
13	pioneer	
14	political	
15	seashore	
16	trim	
17	underneath	
18	unease	
19	welder	
20	zoologist	

MEMO

481 darling
[dάːrliŋ] 달링

형 가장 사랑하는
명 (부부, 애인 간의 호칭) 여보, 자기, 가장 사랑하는 사람

my darling dog 나의 사랑스런 개

Have a great day, darling.
자기야, 좋은 하루 보내.

482 addition
[ədíʃən] 어디션

명 더함, 추가

the addition of knowledge 지식의 추가

In addition, coffee contains much caffeine.
게다가 커피에는 많은 카페인이 함유되어 있다.

파생어 add 덧붙이다, 더하다
additional 추가의, 더, 또, 부가적인

483 pedal
[pédl] 페들

명 발판, 페달
동 페달을 밟다

step on the accelerator pedal 가속 페달을 밟다

I put my feet on a bicycle pedal.
나는 자전거 페달에 발을 올려놓았다.

484 vest
[vest] 베스트

명 조끼

climbers in green vests 녹색 조끼를 걸친 등산객들

Polham vests are on sale.
폴햄 조끼가 세일 중이다.

● MEMO

485 **rainfall** [명] 강우, 강수량
[réinfɔ̀ːl] 레인폴

heavy rainfall 호우

There has been below average rainfall this month.
이번 달에는 강우량이 평균 미만이었다.

486 **Easter** [명] 부활절(復活節)
[íːstər] 이스털

a special Easter gift 특별 부활절 선물

She died just before Easter in 2013.
그녀는 2013년 부활절 직전에 세상을 떠났다.

487 **balcony** [명] 발코니
[bǽlkəni] 밸커니

the view from the balcony 발코니에서 보이는 경치

Can you imagine a beach hotel without a balcony?
발코니 없는 비치 호텔을 상상할 수 있니?

파생어 balconied 발코니가 있는

488 **synergy** [명] 협력 작용, 동반 상승효과, 시너지
[sínərdʒi] 씨널지

the effect of synergy 시너지효과

The banks can maximize synergy.
은행들은 시너지 효과를 최대화할 수 있다.

파생어 osynergic 함께 일하는, 공동 작용의

MEMO

489 naked
[néikid] 네이키드 · 형 벌거벗은, 나체의

a naked body 벌거벗은 몸

A half-naked male was exercising.
상반신을 벗은 남성이 운동을 하고 있었다.

파생어 nakedness 벌거숭이, 노출
nakedly 벌거숭이로

490 duckling
[dʌ́kliŋ] 덕클링 · 명 새끼오리

call her an 'ugly duckling' 그녀를 '미운 오리 새끼'라 부르다

Can the duckling fly?
새끼오리가 날 수 있을까?

파생어 duck 오리

491 slap
[slæp] 슬랩 · 명 (손바닥 등으로) 찰싹
· 통 찰싹 치다, (세차게 부딪듯이) 놓다

slap the cards down on the floor 카드를 바닥에 내리치다

I felt like slapping him on the face.
나는 그의 얼굴을 찰싹 때리고 싶었다.

492 fusion
[fjú:ʒən] 퓨전 · 명 용해, 혼합, 통합, 융합, 퓨전

nuclear fusion energy 핵융합에너지

There are many fusion dishes familiar to Koreans.
한국인들에게 친숙한 퓨전 요리들이 많이 있다.

반의어 fission 분열, 핵분열, 핵분열 하다

● MEMO

493 none
[nʌn] 넌

㉯ 아무도 ~않다, 아무것도 ~않다
㉰ 그만큼 ~한 것은 아니다

none of the eighth-graders 8학년생들 중 아무도

Wallace is second to none in math.
월레스는 수학이라면 그 누구에게도 뒤지지 않는다.

반의어 little 작은, 조금, 좀

494 halt
[hɔːlt] 홀트

㉫ 정지, 멈춤, 중단
㉯ 서다, 정지하다

halt the train 열차운행을 중단시키다

Our love came to a halt.
우리 사랑이 멈춰 버렸다.

파생어 halter (말의) 고삐
유의어 stop 멈추다, 중단하다, 막다

495 comfort
[kʌ́mfərt] 컴펄트

㉫ 위안, 위로, 안락, 편안
㉯ 위로하다

travel in comfort 편하게 여행하다

His good health comforted him for the loss of the money.
그 돈을 잃은 그에게는 건강한 것이 위안이 되었다.

파생어 comfortable 편안한, 편한, 쾌적한
　　　uncomfortable 불편한, 민감한, 불쾌감을 주는

496 hose
[houz] 호즈

㉫ 호스
㉯ 호스로 물을 뿌리다

lend a hose to her friend 호스를 그녀 친구에게 빌려주다

The grass is being hosed.
호스로 풀밭에 물을 주고 있다.

🍀 MEMO

497 hum
[hʌm] 험

휑 윙윙, 와글와글
동 윙윙거리다, 콧노래를 부르다

bees hum 벌이 윙윙거리다

She was humming softly to herself.
그녀는 혼자 조용히 콧노래를 부르고 있었다.

파생어 hummer 윙윙거리는 것, 콧노래하는 사람

498 preventive
[privéntiv] 프리벤티브

휑 예방적인, 예방의, 방지에 쓰이는, 방해의

preventive education 예방교육

We will take preventive steps against floods.
우리는 홍수 예방책을 취할 것이다.

파생어 prevent 막다, 방지하다, 예방하다
prevention 예방, 방지

499 sandy
[sǽndi] 샌디

휑 모래의, 모래가 섞인

a sandy playground 모래투성이의 운동장

The sun is going down over a sandy hill.
태양이 모래언덕 위로 지고 있다.

파생어 sand 모래

500 generosity
[dʒènərásəti] 제너라서티

휑 관용, 관대함, 너그러움

the spirit of generosity 관용의 정신

I will never forget his generosity.
나는 그의 너그러움을 평생 잊지 못할 것이다.

파생어 generous 관대한, 후한, 너그러운
generously 관대하게, 인심 좋게

● MEMO

스스로의 힘으로 작성해 봅시다.

	English	Korean
01	addition	
02	balcony	
03	comfort	
04	darling	
05	duckling	
06	Easter	
07	fusion	
08	generosity	
09	halt	
10	hose	
11	hum	
12	naked	
13	none	
14	pedal	
15	preventive	
16	rainfall	
17	sandy	
18	slap	
19	synergy	
20	vest	

● MEMO

501 achiever
[ətʃíːvər] 어취벌

몡 성취자, 성취한 사람, 달성자, 성적 우수자

a high-score achiever 고득점자

He was an achiever in many fields.
그는 다방면에서 크게 성공했다.

파생어 achieve 달성하다, 성취하다
achievement 성취, 업적

502 ventilation
[vèntiléiʃən] 벤틸레이션

몡 환기, 통풍, 환기 장치

natural ventilation 자연환기

Windows are used for light and ventilation.
창은 채광과 통풍용으로 사용된다.

파생어 ventilate 환기시키다

503 raisin
[réizn] 레이즌

몡 건포도

seedless raisins 씨 없는 건포도

My wife ordered a raisin bread.
나의 아내는 건포도 빵을 주문했다.

504 supernatural
[sùːpərnǽtʃərəl] 슈처내츄럴

혱 초자연적인, 영적(靈的)인, 이상한, 신비로운

believe in the supernatural 초자연적인 존재를 믿다

This movie is based on supernatural phenomenon.
이 영화는 초자연적인 현상을 소재로 했다.

파생어 natural 자연의

🍀 MEMO

505 goods
[gudz] 굿즈
명 상품, 제품

handmade goods 수제품

The quality of their goods was very good.
그들 상품의 질이 매우 좋았다.

파생어 goodness 선량, 어머나, 다행이다
goodish 꽤 좋은, 상당한, 쏠쏠한

506 fingerprint
[fíŋgərprìnt] 핑걸프린트
명 지문
동 ~의 지문을 채취하다

leave one's fingerprints 지문을 남기다

She didn't leave any fingerprints.
그녀는 지문을 전혀 남기지 않았다.

파생어 finger 손가락

507 dictation
[diktéiʃən] 딕테이션
명 명령, 받아쓰기, 구술, 지시

take an English dictation 영어 받아쓰기를 하다

We will follow his dictation.
우리는 그의 지시를 따를 것이다.

파생어 dictate 지시하다

508 calculator
[kǽlkjulèitər] 캘큘레이럴
명 계산기

borrow his calculator 그의 계산기를 빌리다

The woman is holding a calculator.
여자가 계산기를 들고 있다.

파생어 calculate 계산하다, 산정하다, 생각하다
calculation 계산, 측정, 추측

● MEMO

509 shortage
[ʃɔ́:rtidʒ] 숄티지
명 부족, 결핍

shortage of parking spaces 주차공간 부족

We are having a water shortage.
우리는 물 부족을 겪고 있다.

파생어 **short** 짧은, 단기의
shortness 짧음, 부족

510 extracurricular
[èkstrəkəríkjələr] 엑스트러커리큘럴
형 정규 과목 이외의, 과외의

extracurricular activities 과외활동

All the extracurricular programs have been canceled.
모든 과외 활동이 취소되었다.

반의어 **curricular** 교과 과정의

511 ration
[rǽʃən] 레이션
명 (식량·연료 따위의) 정량, 배급량
동 배급하다

an emergency rations 비상용 휴대 식량

Meat was rationed last week.
지난주 고기가 배급되었다.

512 equate
[ikwéit] 익퀘이트
동 똑같게 하다, 동등시하다, 동일시하다

equate GM with the U.S. GM과 미국을 동일시 하다

It is wrong to equate character with looks.
성격과 외모를 같이 보는 것은 잘못이다.

파생어 **equation** 방정식, 공식, 문제

● MEMO

513 **browser**
[bráuzər] 브라우절   명 브라우저

close the browser 브라우저를 닫다

We can't work without a browser.
우리는 브라우저 없이 일할 수 없다.

파생어 browse 검색하다

514 **aroma**
[əróumə] 어로마   명 좋은 냄새, 향기, 방향(芳香)

the aroma of flowers 꽃향기

You can smell aromas in green plants.
당신은 녹색 식물에서 아로마를 냄새 맡을 수 있다.

515 **contrast**
[kántræst] 칸트레스트   명 대조, 대비, 차이

the contrast of light and darkness 빛과 어둠의 대조

In contrast, our apartment is a little bit noisy.
이와는 대조적으로 우리 아파트는 조금 시끄러운 편이다.

파생어 contrastive 대조적인, 대비적인

516 **interconnect**
[intərkənékt] 인털커넥트   동 서로 연결하다

separate bedrooms that interconnect 서로 연결되는 각각의 방들
People in different parts of the world are interconnected.
세계 여러 지역에 사는 사람들이 서로 연결되어 있다.

● MEMO

517 hardware 명 철물, 하드웨어, 장비
[háːrdwɛ̀ər] 하드웨얼

military hardware 군사장비

Korea's computer hardware is the world's best.
한국의 컴퓨터 하드웨어는 세계 최고이다.

518 reappear 통 다시 나타나다, 재현하다
[rìːəpíər] 리어피얼

reappear in 2018 2018년에 다시 나타나다

She went upstairs and did not reappear until morning.
그녀는 위층으로 올라가서 아침이 될 때까지 다시 나타나지 않았다.

파생어 reappearance 재현
disappearance 사라짐, 소멸, 실종

519 distribution 명 분배, 배급, 분포, 유통
[dìstribjúːʃən] 디스트리뷰션

population distribution in Africa 아프리카의 인구 분포

Apple has its strong distribution networks in Asia.
애플사는 아시아에서 강력한 유통망을 갖고 있다.

파생어 distribute 나눠주다, 배포하다, 분배하다
distributor 배급업자, 유통업자

520 descent 명 하강, 하락, 출신
[disént] 디센트

a fast descent of climbers 등반객들의 신속한 하산

The plane slowly made its descent.
비행기가 천천히 하강했다.

반의어 ascent 오르기, 등반, 승진
파생어 descend 내려가다

● MEMO

스스로의 힘으로 작성해 봅시다.

	English	Korean
01	achiever	
02	aroma	
03	browser	
04	calculator	
05	contrast	
06	descent	
07	dictation	
08	distribution	
09	equate	
10	extracurricular	
11	fingerprint	
12	goods	
13	hardware	
14	interconnect	
15	raisin	
16	ration	
17	reappear	
18	shortage	
19	supernatural	
20	ventilation	

● MEMO

521 bark
[ba:rk] 발크

® 나무껍질
⑧ 짖다

bark like mad 미친 듯이 짖다

Dogs bark all day long.
개들이 하루 종일 짖어댄다.

파생어 barky 나무껍질로 덮인, 나무껍질 비슷한

522 exception
[iksépʃən] 익셉션

® 제외, 예외

an exception to the rules 규칙의 예외

This week was no exception.
이번 주도 예외는 아니었다.

파생어 except 제외하다, 반대하다
exceptional 예외적인, 뛰어난

523 realization
[rìːəlizéiʃən] 리얼리제이션

® 실현, 현실화, 깨달음, 성취

the realization of one's dream 꿈의 실현

These realizations made him respect his parents more.
이와 같은 깨달음을 얻은 뒤 그는 어버이를 더욱 공경하게 되었다.

파생어 realize 깨닫다, 알다, 실현하다
reality 현실, 실제, 리얼리티

524 breakthrough
[bréikθrùː] 브레이크쓰루

® 큰 성과, 획기적인 발견, 돌파구

to make/achieve a breakthrough 돌파구를 찾다

I couldn't look for the breakthrough.
나는 돌파구를 찾을 수가 없었다.

● MEMO

525 **assure** [동] 보증하다, 보장하다, 장담하다, 확언하다
[əʃúər] 어슈얼

assure you to live a quiet life 조용한 삶을 보장하겠습니다

We were assured that everything possible was being done.
우리는 가능한 모든 조치가 취해지고 있다고 장담하는 말을 들었다.

파생어 assurance 보장, 확언, 확신
assured 보증된, 자신이 있는

526 **consecutive** [형] 연속적인, 계속되는, [文] 결과를 나타내는
[kənsékjutiv] 컨세큐티브

four consecutive wins 4연승

Lee set a new world record in consecutive home run.
이는 연속 경기 홈런 세계 신기록을 세웠다.

파생어 consecutiveness 연속(성), 일관성
consecutively 연속하여

527 **output** [명] 생산, 생산량, 출력
[áutpùt] 아웃풋

the factory output 공장의 생산량

The world's food output is up 10%.
전 세계의 식량 생산이 10% 증가했다.

반의어 input 입력
유의어 production 생산, 제작, 제품

528 **incubate** [동] 알을 품다, 인공 부화하다
[ínkjubèit] 인큐베이트

incubate and develop in the nest 둥지에서 부화하고 성장하다

The chicken eggs were incubated.
달걀이 부화되었다.

파생어 ncubation 알 품기
incubative 부화의

MEMO

529 **refund** [명] 환불, 반환, 반제, 변상

[rifʌ́nd] 리펀드

receive a full refund 전액을 환불 받다

There is no way to get a refund.
환불 받을 수 있는 방법이 없다.

파생어 fund 자금, 투자하다
funding 자금 제공, 지원

530 **illegal** [형] 불법의, 위법의

[ilíːgəl] 일리걸

illegal immigrants 불법 이민자들

Is teenage smoking illegal?
10대 흡연이 위법입니까?

파생어 legal 법적인, 법률상의
illegally 불법으로, 무단으로

531 **disband** [동] 해산하다, 해체하다

[disbǽnd] 디스밴드

disband a team 팀을 해체하다

The political party is disbanding next week.
다음 주에 그 정당이 해산될 것이다.

파생어 disbandment 해체

532 **addiction** [명] 중독, 과몰입

[ədíkʃən] 어딕션

game addiction 게임중독

Internet addiction is a social problem.
인터넷 중독 현상은 사회문제이다.

파생어 addicted 중독된
addict 중독자

MEMO

533 drought
[draut] 드라웃   명 가뭄, 고갈, 결핍

a long drought 오랜 가뭄

They are living in drought areas.
그들은 가뭄 지역에 살고 있다.

파생어 droughty 가뭄의, 모자라는

534 subconscious
[sʌbkánʃəs] 서브칸셔스   형 잠재의식의 명 잠재의식

subconscious desire 잠재의식적인 욕망

Her answer seemed to come from the subconscious.
그녀의 대답은 잠재의식에서 나온 것 같았다.

파생어 conscious 의식한, 친화적
     consciousness 의식, 인식, 정신

535 bumpy
[bʌ́mpi] 범피   형 울퉁불퉁한, 험난한

a bumpy mountain trail 험난한 등산로

Now draw his bumpy face.
이제 그의 울퉁불퉁한 얼굴을 그려라.

536 prisoner
[príznər] 프리즈널   명 죄수, 포로

a prísoners' camp 포로수용소

The story is about the prisoners of war.
전쟁포로에 관한 이야기다.

파생어 prison 감옥, 교도소, 수감
     imprison 가두다, 수감하다

● MEMO

537 **comparison** 명 비교, 비유
[kəmpǽrisn] 컴패리슨

a funny comparison 재미있는 비유

A comparison between them has been made.
그들을 비교해 보았다.

파생어 compare 비교하다, 비유하다
comparable 비교할 만한, ~에 비해

538 **overall**
[óuvərɔ̀:l] 오버롤
형 전부의, 전체적인
부 전반적으로, 결국

overall ranking 전체 순위

Overall, I enjoyed the game.
경기가 전반적으로 재미있었다.

539 **revolve**
[rivɔ́lv] 리벌브
동 회전하다, 중심으로 돌아가다

revolve around something ~을 중심으로 회전하다

The earth revolve s on its axis.
지구는 지축을 중심으로 자전한다.

파생어 revolver 연발 권총
revolution 혁명

540 **woodpecker** 명 딱따구리
[wúdpèkər] 우드페컬

A woodpecker was on the branch. 딱따구리가 나뭇가지에 앉아 있다.

The woodpecker has made a new home on the rooftop.
딱따구리가 옥상에다 집을 지었다.

● MEMO

스스로의 힘으로 작성해 봅시다.

	English	Korean
01	addiction	
02	assure	
03	bark	
04	breakthrough	
05	bumpy	
06	comparison	
07	consecutive	
08	disband	
09	drought	
10	exception	
11	illegal	
12	incubate	
13	output	
14	overall	
15	prisoner	
16	realization	
17	refund	
18	revolve	
19	subconscious	
20	woodpecker	

● MEMO

541 tag
[tæg] 태그

명 꼬리표, 술래잡기
동 쫓아다니다, 붙어 다니다

a name tag 이름표

She is looking at the price tag.
그녀가 가격표를 보고 있다.

542 motive
[móutiv] 모티브

형 원동력이 되는
명 동기, 모티브

an ulterior motive 숨은 동기

What is his motive to study abroad?
그가 유학 가는 동기가 무엇이지?

파생어 motivate 이유[원인]가 되다
　　motiveless 동기[목적]가 없는, 이유가 없는

543 totally
[tóutəli] 토털리

부 완전히, 전적으로, 아주, 모두, 전혀

in a totally different way 전혀 다른 방법으로

They come from totally different cultures.
그들은 완전히 다른 문화 출신이다.

파생어 total 전체의

544 exhausted
[igzɔ́:stid] 이그저스티드

형 몹시 피곤한, 기진맥진한, 탈진한

the exhausted workers 탈진한 근로자들

The exhausted climbers were rescued by helicopter.
탈진한 등산객들은 헬리콥터로 구조되었다.

파생어 exhaust 지치게 하다
　　exhaustion 탈진

● MEMO

172

545 simultaneous

[sàiməltéiniəs] 싸이얼테니어스 · 휑 동시에 발생하는, 동시의

simultaneous interpretation 동시 통역

The movie is scheduled for simultaneous release.
영화가 동시에 개봉될 예정이다.

파생어 simultaneously 동시에

546 recently

[rí:sntli] 리슨리 · 튀 요즘, 최근에, 얼마 전

the recently finished game 얼마 전에 끝난 경기

She hasn't seen him in the library recently.
그녀는 요즘 그를 도서관에서 본 적이 없다.

유의어 newly 최근에, 요즈음
　　　lately 요즈음, 최근에

547 administer

[ædmínistər] 애드미니스털 · 통 관리하다, 투여하다

administer the English exam 영어 시험을 관리하다

The dose was administered to the child intravenously.
그 약은 그 아이에게 정맥주사로 투여되었다.

파생어 administration 관리[행정]직(원들)
　　　administrative 관리[행정]상의

548 midway

[mídwéi] 미드웨이 · 휑 중도의
　　　　　　　　· 튀 중간쯤에

meet the midway point 중간 지점에서 만나다

Lee left Cheongju City midway through this month.
이는 이달 중순경에 청주시를 떠났다.

파생어 way 방법, 방식, 길
　　　subway 지하철

● MEMO

549 centigrade
[séntəgrèid] 센터그레이드

형 섭씨의
명 백분도, 섭씨온도

reach 46 degrees centigrade 섭씨 46도까지 올라가다

The temperature is three degrees below zero Centigrade.
기온이 섭씨 영하 3도이다.

550 paste
[peist] 페이스트

명 풀, 밀가루 반죽
동 풀칠하다, 붙이다

wallpaper paste 도배용 풀

He pasted the pictures into his scrapbook.
그는 그 사진들을 자기 스크랩북에 풀로 붙였다.

파생어 pasty 창백한

551 blacklist
[blæklìst] 블랙리스트

명 블랙리스트

put her on the blacklist 그녀를 블랙리스트에 올리다

Their names are on the blacklist.
그들의 이름이 블랙리스트에 올라있다.

552 revolt
[rivóult] 리볼트

명 반란, 봉기, 폭동
동 반란을 일으키다

the history of military revolt 군사 폭동의 역사

The army quickly crushed the revolt.
군대가 그 반란을 재빨리 진압했다.

파생어 revolution 혁명
    revolted 반란을 일으킨

● MEMO

174

553 altogether
[ɔ:ltugéðər] 얼투게덜
뿐 다 합해서, 전적으로, 완전히

stop altogether 완전히 멈추다

I am not altogether happy about the decision.
내가 그 결정에 전적으로 만족하는 것은 아니다.

554 polish
[páliʃ] 팔리쉬
명 광택, 윤
동 닦다, 윤을 내다

nail polish 매니큐어

The first thing I did was to polish the blackboard.
내가 제일 먼저 한 일은 칠판을 닦는 일이었다.

555 brand-new
[brǽndnjú:] 브랜드-뉴
형 갓 만들어진, 아주 새로운, 신제품인

make a brand-new start 새로 시작하다

I hope to get a brand-new netbook for my birthday.
나는 생일 때 신형 넷북을 받고 싶다.

556 historian
[histɔ́:riən] 히스터리언
명 역사가, 사학자

a historian from the United States 미국 출신의 역사가

The writer is an internationally known historian.
그 작가는 세계적인 역사가이다.

파생어 history 역사, 사학
      historical 역사의, 전통적인

● MEMO

557 desirable
[dizáiərəbl] 디 자이얼어블   휑 바람직한, 원함직한, 탐나는

desirable trends   바람직한 동향

It is desirable that we should provide for the poor at Christmas
크리스마스에 가난한 사람들에게 자선을 베푼다는 것은 바람직한 일이다.

파생어 desire   욕망, 욕구, 갈망
     desired   훌륭한, 바랐던, 희망했던

558 presence
[prézns] 프레즌스   몡 출석, 존재

make one's presence felt   자신의 존재를 부각시키다

Her presence during the crisis had a calming effect.
그 위기 상황 중에 그녀의 존재는 사람들을 진정시키는 효과가 있었다.

반의어 absence   없음, 부족, 결석
파생어 present   현재의, 보여주다, 선물하다

559 phantom
[fǽntəm] 팬텀   휑 환상의
           몡 환영, 유령

the phantoms of things past   지나간 일의 환상

I have heard of phantom ships sailing on this ocean.
나는 이 바다에서 항해하는 유령선들에 대해 들었다.

유의어 ghost   유령, 귀신, 영혼

560 brainless
[bréinlis] 브레인리스   휑 머리가 나쁜, 어리석은, 모자라는

a brainless person   무뇌 인간

Her decision was brainless.
그녀의 결정은 어리석었다.

파생어 brainlessness| 모자라는, 어리석은
     brainlessly   무식하게, 어리석게

● MEMO

176

스스로의 힘으로 작성해 봅시다.

	English	Korean
01	administer	
02	altogether	
03	blacklist	
04	brainless	
05	brand-new	
06	centigrade	
07	desirable	
08	exhausted	
09	historian	
10	midway	
11	motive	
12	paste	
13	phantom	
14	polish	
15	presence	
16	recently	
17	revolt	
18	simultaneous	
19	tag	
20	totally	

MEMO

561 substitute
[sʌ́bstitjùːt] 섭스티튜트

명 대리인, 대용품
동 대체하다, 교체되다

prices of substitute goods 대체재 가격

He was substituted after the first half.
그는 전반전이 끝난 후 교체되었다.

파생어 substitution 대용, 치환, 대용품

562 notorious
[noutɔ́ːriəs] 놋토리어스

형 악명 높은, 소문난

a notorious teacher 악명이 높은 선생님

This company is very notorious for its unkindness.
이 회사는 불친절하다고 소문이 자자하다.

파생어 notoriety 악명, 악평
notoriously 악명 높게, 주지의 사실로서

563 observatory
[əbzə́ːrvətɔ̀ːri] 옵절버토리

명 천문대, 관측소

a seismological observatory 지진 관측소

We can see stars from our observatories.
우리는 관측소에서 별을 볼 수 있다.

파생어 observation 관찰

564 fable
[féibl] 페이블

명 우화(寓話)

understand the fable 우화를 이해하다

A fable tells of a cat who was never happy.
한 우화에 결코 행복하지 못한 고양이가 나온다.

파생어 fabler 우화 작가, 거짓말쟁이
fabulous 기막히게 좋은

● MEMO

565 originate
[ərídʒinèit] 어리지네이트 ⑧ 시작하다, 비롯하다, 생기다

originate from ~에서 비롯되다

Yellow dust originates in China.
중국으로부터 황사가 불어온다.

파생어 original 원래의, 원본의
originally 원래, 본래

566 bay
[bei] 베이 ⑨ 만(灣)

the bottom of a bay 만의 바닥

The sun was up at the bay area.
해가 만 지역에 떴다.

파생어 embay 만(灣)에 넣다, 만 안에 들여 보내다

567 fascinating
[fǽsnèitiŋ] 패스네이팅 ⑱ 매혹시키는, 황홀케 하는

a fascinating country 매혹적인 나라

The city is filled with lots of fascinating sites.
그 도시는 매혹적인 장소들로 가득 차 있다.

유의어 fascinate 매혹시키다
fascination 매혹

568 thumb
[θʌm] 썸 ⑨ 엄지손가락

the tip of a thumb 엄지손가락 끝부분

She still sucks her thumb when she's worried.
그녀는 아직도 걱정이 될 때면 엄지손가락을 빤다.

● MEMO

569 dispute
[dispjú:t] 디스퓨트

®분쟁, 분규, 논란, 논쟁
⑧ 논쟁하다, 반박하다, 이의를 제기하다

labor-management disputes 노사분규

His theories are open to dispute.
그의 이론은 논란의 소지가 있다.

파생어 disputer 논쟁자
disputatious 논쟁적인, 논쟁을 좋아하는

570 formula
[fɔ́:rmjulə] 포뮬러

® 공식, 방식

learn the formula 공식을 배우다

The scientist made a formula to explain his theory.
그 과학자는 자신의 이론을 설명하고자 공식을 만들었다.

파생어 formulate 만들어내다, 정하다
reformulate 재공식화하다, 다시 처방하다

571 cunning
[kʌ́niŋ] 커닝

⑧ 교활한, 노련한

a cunning liar 교활한 거짓말쟁이

There are too many cunning friends around me.
내 주변엔 교활한 친구들이 너무 많아.

파생어 cunningly 교활[간사]하게.

572 tread
[tred] 트레드

⑧ 밟다, 걷다

tread on the land 땅을 밟다

She trod gently on the carpet.
그녀는 카펫을 부드럽게 밟았다.

● MEMO

180

573 reunion
[riːjúːnjən] 리유니언   명 재결합, 재회, 모임, 동창회

a reunion event 재회 행사

Many people are interested in attending the reunion.
많은 사람들이 동창회 참석에 관심을 갖는다.

파생어 reunite 재결합하다

574 participant
[pɑːrtíspənt] 팔티서펀트   명 참가자, 관계자, 협력자, 참석자

a participant in an English camp 어느 영어캠프 참가자

The participants explained what they had seen in the dark.
참석자들은 어둠 속에서 본 것을 설명했다.

파생어 participate 참여하다, 참가하다
      participation 참여, 참가, 참전

575 advisable
[ædváizəbl] 애드바이저블   형 현명한, 바람직한, 타당한

think that immediate action is advisable 즉각적인 조처가 바람직하다고 생각하다

It is advisable to wear a safety belt at all times.
항상 안전 벨트를 매는 것이 바람직하다.

파생어 advise 조언하다, 권하다, 알리다
      advice 조언, 충고

576 vegetarian
[vèdʒitéəriən] 베지테리언   명 채식주의자

live the life of a vegetarian 채식하다

It is not easy to be a vegetarian.
채식주의자가 되는 것은 쉽지 않다.

파생어 vegetable 야채, 식물

🟢 MEMO

577 **bingo**
[bíŋgou] 빙고

[명] 빙고 게임
[감] 좋았어, 옳지, 빙고

a bingo hall 빙고 게임장

Bingo, today is Sunday.
빙고, 오늘이 일요일이구나.

578 **topsoil**
[tάpsɔ̀il] 탑소일

[명] 상층 토, 표토(表土)

topsoil loss 표토 상실

The topsoil is needed for growing crops.
표토가 작물 재배에 필요하다.

파생어 soil 흙, 토양

579 **ivory**
[áivəri] 아이버리

[명] 상아, 상아색, 아이보리

the ivory dress 아이보리컬러 드레스

A women with ivory skin is choosing a foundation.
상아빛 피부를 가진 여성이 파운데이션을 고르고 있다.

580 **organization**
[ɔ̀rgənizéiʃən] 올거니제이션

[명] 조직, 단체, 구성

the organization of a club 클럽의 조직

The organization was formed in 2016.
그 단체는 2016년에 발족했다.

파생어 organize 조직하다, 구성하다
organized 정리된, 정돈된

MEMO

스스로의 힘으로 작성해 봅시다.

	English	Korean
01	advisable	
02	bay	
03	bingo	
04	cunning	
05	dispute	
06	fable	
07	fascinating	
08	formula	
09	ivory	
10	notorious	
11	observatory	
12	organization	
13	originate	
14	participant	
15	reunion	
16	substitute	
17	thumb	
18	topsoil	
19	tread	
20	vegetarian	

● MEMO

581 extreme
[ikstrí:m] 익스트림

- ⓗ 극도의, 과격한, 극단적인
- ⓜ 극단, 극도, 지나침, 과도

extreme attention 극단적인 관심

This campaign went to extremes.
이번 캠페인은 극단으로 치닫고 있다.

파생어 extremely 매우, 극도로, 굉장히

582 appetizing
[ǽpətàiziŋ] 앱터타이징

- ⓗ 식욕을 돋우는, 맛있게 보이는

seem very appetizing 매우 맛있어 보인다

Mom added color to make foods look more appetizing.
엄마는 음식을 더욱 맛있게 보이게 하기 위해 색을 추가했다.

파생어 appetite 식욕
appetizer 식욕을 돋우는 것

583 prosperity
[prɑspériti] 프라스페리티

- ⓜ 번영, 번창

100 ways to achieve prosperity 번영을 이루는 100가지 방법

Your efforts can bring economic prosperity.
노력을 하면 경제적 번영을 이룰 수 있다.

반의어 adversity 역경, 재난, 불운
파생어 prosper 번영하다

584 suspension
[səspénʃən] 서스펜션

- ⓜ 중지, 정직, (스포츠 선수의) 출장 정지

suspension from school 정학

He returned after a 10-game suspension.
그는 10게임 출장 정지를 받고 복귀했다.

파생어 suspend 중단하다, 정지하다

● MEMO

585 **coffin**
[kɔ́ːfin] 커핀

명 관(棺)

the national flag-covered coffin 국기가 덮인 관

We cried in front of his coffin.
우리는 그의 관 앞에서 울었다.

586 **glittering**
[glítəriŋ] 글리터링

형 반짝이는, 화려한, 눈부신

her glittering career 그녀의 화려한 경력

He is driving a yacht in the glittering sea.
그는 반짝이는 바다에서 요트를 몰고 있다.

587 **skinny**
[skíni] 스키니

형 마른

my skinny girlfriend 나의 깡마른 여자친구

I know why these animals are so skinny.
이 동물들이 왜 비쩍 말랐는지 알겠다.

588 **sharply**
[ʃɑ́ːrpli] 샬플리

부 날카롭게, 급격하게

will increase sharply 급격히 증가할 것이다

The number of bikes sharply declined.
자전거 수가 급격히 감소했다.

파생어 sharp 날카로운, 급격한
   sharpness   날카로움, 급격함

● MEMO

589 existence
[igzístəns] 이그지스턴스

명 존재, 실재, 현존

the existence of God 신의 존재

I was unaware of his existence until today.
나는 오늘까지 그의 존재를 의식하지 못했다.

파생어 exist 존재하다, 있다, 살다
existing 기존의, 존재하는

590 beneath
[biní:θ] 비니쓰

전 ~의 바로 밑에, 아래에
부 밑에, 하위에

beneath the door 문 아래에

The magma moves beneath.
마그마가 밑에서 이동한다.

591 cruel
[krú:əl] 크루얼

형 잔인한, 잔혹한, 모진

a cruel killer 잔인한 살인자

Nothing is more cruel than loneliness.
외로움 보다 더 잔인한 것은 없다.

파생어 cruelty 잔인함, 학대
cruelly 끔찍하게, 참혹하게

592 outfit
[áutfit] 아웃핏

명 옷, 의상, 여장, 장비

wear red outfits 빨간색 옷을 입고 있다

The outfits make us comfortable.
이 장비들은 우리를 편하게 해준다.

파생어 outfitter 남성복점, 교복 파는 상점

● MEMO

593 **genuine**
[dʒénjuin] 제뉴인   📵 진짜의, 진품인, 진실한

a very genuine person   아주 진실한 사람

The salesman can tell genuine pearls by experience.
그 판매원은 경험을 통해 진짜 진주를 분별한다.

파생어 genuineness 진짜임, 진성(眞性)
     genuinely 진정으로, 성실하게

594 **telegraph**
[téligræf] 텔리그래프   📵 전신, 전보
                        📵 전보로 알리다, 전보를 치다

telegraph by radio   무선전신을 보내다

We telegraphed him that we had arrived safely.
우리는 안전하게 도착했다고 그에게 전보로 알렸다.

파생어 telegraphist 전신 기사
     telegraphic 전신의

595 **gill**
[gil] 길   📵 아가미

a gill-breathing animal   아가미 호흡을 하는 동물

Most of them take in oxygen through their gills.
그들 대부분은 아가미를 통해 산소를 호흡한다.

파생어 gilled 아가미가 있는

596 **sheriff**
[ʃérif] 셰리프   📵 보안관

a county sheriff's office   군 보안관 사무소

We need school sheriffs for our children.
우리는 자녀들을 위해 학교 보안관이 필요하다.

● MEMO

597 continental ⑧ 대륙의, 대륙적인
[kɑ̀ntinéntl] 칸티넨트

continental Europe 유럽 대륙

Let's study the continental geography.
대륙 지리를 공부하자.

파생어 continent 대륙, 육지대

598 restore ⑧ 회복시키다, 복구하다, 복원하다
[ristɔ́ːr] 리스토얼

restore law and order 치안을 회복하다

By December we should finish restoring it.
우리는 늦어도 12월까지는 복원 작업을 끝내야 한다.

파생어 restoration 복원, 복구,

599 curl ⑧ 말다, 굽히다, 곱슬곱슬하게 하다
[kəːrl] 컬

curl one's hair 머리를 곱슬곱슬하게 하다

My dog is curling up.
우리 집 개가 몸을 둥글게 말고 있다.

파생어 curly 곱슬곱슬한

600 enroll ⑧ 등록하다, 명부에 올리다, 기록하다
[inróul] 인롤

enroll a voter 선거인을 등록하다

Many students are enrolling in summer schools.
많은 학생들이 여름학교에 등록하고 있다.

● MEMO

스스로의 힘으로 작성해 봅시다.

	English	Korean
01	appetizing	
02	beneath	
03	coffin	
04	continental	
05	cruel	
06	curl	
07	enroll	
08	existence	
09	extreme	
10	genuine	
11	gill	
12	glittering	
13	outfit	
14	prosperity	
15	restore	
16	sharply	
17	sheriff	
18	skinny	
19	suspension	
20	telegraph	

● MEMO

601 bud
[bʌd] 버드 · 명 꽃봉오리, 싹, 눈

the first buds appearing in spring 봄에 처음 나타나는 새싹

The buds are popping open.
싹이 터지고 있다.

602 continuous
[kəntínjuəs] 컨틴뉴어스 · 형 끊임없는, 연속적인, 계속적인

a continuous line of traffic 끊임없이 이어지는 차량의 행렬

We will need your continuous support.
저희는 귀하의 계속적인 지원이 필요합니다.

파생어 continue 계속하다, 지속시키다
continuously 계속된, 지속적인

603 transformation
[trænsfərméiʃən] 트랜스퍼메이션 · 명 변화, 변질, 변환, 변용

an economic transformation 경제적 변화

This can help your transformation in life.
이것은 네 삶의 변화를 도와줄 수 있다.

파생어 reform 개혁, 개선, 개편
transform 바꾸어 놓다, 변화시키다

604 circulation
[sə̀:rkjuléiʃən] 썰큘레이션 · 명 순환, 유통, 발행 부수

blood circulation 혈액순환

The Chosun Ilbo is the country's largest-circulation daily.
조선일보는 국내 일간지 중 가장 발행부수가 많다.

파생어 circle 원, 서클, 돌다
circulate 돌다, 유통되다

● MEMO

605 **democratic** 형 민주주의의, 민주적인
[dèməkrǽtik] 데머크래틱

democratic elections 민주 선거

Their promotion system is quite democratic.
그들의 승진 제도는 아주 민주적이다.

파생어 democracy 민주주의, 민주적
democratically 민주적으로

606 **fastener** 명 잠금장치, 잠그는 사람
[fǽsnər] 패스널

a snap fastener 똑딱단추

The fastener didn't work.
잠금장치가 작동이 되지 않았다.

파생어 fasten 매다, 고정하다
unfasten 끄르다, 풀다, 벗겨지다

607 **lump** 명 덩어리, 멍울
[lʌmp] 럼프

a lump of clay 진흙 한 덩어리

Sofia found a lump in her breast.
소피아는 가슴에서 멍울을 발견했다.

파생어 lumpish 둔한, 멍청한
lumpy 덩어리[응어리]가 많은, 혹투성이의

608 **stripe** 명 줄무늬
[straip] 스트라이프 동 줄무늬가 있다

a brown uniform with stripes 갈색 줄무늬 유니폼

The tiger has striped skin.
호랑이는 줄무늬를 갖고 있다.

파생어 stripy 줄무늬 있는

● MEMO

609 **uncover** [동] 덮개를 열다, 폭로하다, 밝히다
[ʌnkʌ́vər] 언커벌

uncover many things 많은 것을 밝혀내다

I left coffee uncovered on low heat.
나는 약한 불에 커피 뚜껑을 덮지 않고 나뒀다.

파생어 uncovered 폭로된, 모자를 벗은
undercover 비밀의, 비밀리에 하

610 **nasty** [형] 더러운, 불쾌한, 거친, 끔찍한
[nǽsti] 내스티

a nasty accident 끔찍한 사고

You wash away the nasty germs that make you sick.
너를 아프게 하는 더러운 세균들을 닦아내라.

파생어 nastiness 몹시 더러움, 불결함
nastily 몹시 더럽게, 불결하게

611 **intersection** [명] 교차로, 사거리
[intərsékʃən] 인털섹션

cross the intersection every day 매일 교차로를 건너다

A couple is talking at a four-way intersection.
한 커플이 사거리에서 이야기를 하고 있다.

파생어 intersectional 교차하는, 공통 부분의

612 **palm** [명] 손바닥, 야자나무
[paːm] 팜

Some palm trees are growing. 야자수가 자라고 있다.

The fortuneteller is reading my palm.
점쟁이가 내 손금을 보고 있다.

파생어 palmar 손바닥의
palmate 손바닥 모양의

MEMO

613 **legislator**
[lédʒislèitər] 레지슬레이터
[명] 입법자, 법률 제정자, 입법부(의회, 국회 등)의 의원

a state legislator 주 의회 의원

The legislators request the protection of data.
의원들이 자료 보안을 요청한다.

파생어 legislation 입법

614 **territory**
[téritɔ̀:ri] 테리터리
[동] 영토, 영역, 분야

a new territory 새로운 영역

Let's take a look at data on Korean territory.
한국 영토에 대한 자료를 봅시다.

파생어 territorial 영토의

615 **mummy**
[mʌ́mi] 머미
[명] 미라, 엄마

ancient Egyptian mummies 고대 이집트 미라들

They want to give him the love of his mummy.
그들은 그에게 엄마의 사랑을 주고 싶어 한다.

616 **sum**
[sʌm] 썸
[명] 총계, 합계, 금액, 액수
[동] 요약하다, 합계하다

large sums of money 많은 액수의 돈

The sum of 7 and 13 is 20.
7과 13의 합은 20이다.

파생어 summation 합계, 요약, 덧셈

MEMO

617 pea
[pi:] 피

명 완두, 완두콩

frozen peas 냉동 완두콩

You can go to pick peas and squash.
완두콩과 애호박을 가서 딸 수 있다.

파생어 pealike 완두콩 같은

618 fragile
[frǽdʒl] 프레쥘

형 깨지기 쉬운, 허약한, 부서지기 쉬운

a fragile mirror 깨지기 쉬운 거울

The muffins are very fragile.
머핀은 부서지기 쉽다.

파생어 fragility 부서지기 쉬움, 여림, 허약

619 rod
[rad] 라드

명 막대, 장대, 낚싯대, 회초리

a rod and line 낚싯줄이 달린 낚싯대

Maya ordered steel rods online.
마야는 철근을 인터넷으로 주문했다.

620 instance
[ínstəns] 인스턴스

동 예, 보기, 경우

in most instances 대부분의 경우에서

Obama, for instance, is a world leader.
예를 들어 오바마는 세계 지도자이다.

파생어 instant 즉각, ~하자마자, 순간
     instantly 즉시, 곧바로, 순식간에

● MEMO

스스로의 힘으로 작성해 봅시다.

	English	Korean
01	bud	
02	circulation	
03	continuous	
04	democratic	
05	fastener	
06	fragile	
07	instance	
08	intersection	
09	legislator	
10	lump	
11	mummy	
12	nasty	
13	palm	
14	pea	
15	rod	
16	stripe	
17	sum	
18	territory	
19	transformation	
20	uncover	

● MEMO

621 **sensitivity** [명] 민감성, 감수성
[sènsətívəti] 센서티비티

develop sensitivity to high temperatures 고온에 민감해지다

Your sensitivity is a key to success.
민감성은 성공의 열쇠이다.

파생어 sense 감각, 의미, 느끼다
sensitive 민감한, 감성적인

622 **extension** [명] 확장, 연장, 내선(內線), 구내전화
[iksténʃən] 익스텐션

the extension of the expressway 고속도로의 확장

For further information. contact us at extension 17.
추가 정보를 원하시면 구내번호 17번으로 연락주세요.

파생어 extend 확장하다, 연장하다
extensive 광범위한, 대규모의

623 **bandage** [명] 붕대, 눈가리개
[bǽndidʒ] 밴디지 [동] ~에 붕대를 감다

bandage the wound 상처에 붕대를 감다

Doctor wrapped his leg in a bandage.
의사 선생님이 그의 다리를 붕대로 감았다.

624 **behold** [동] 보다, 바라보다
[bihóuld] 비홀드 behold-beheld-beheld/beholden

behold how nice she is 그녀가 얼마나 근사한지 보다

Her face was a joy to behold.
그녀의 얼굴은 바라보기만 해도 좋았다.

파생어 beholder 보는 사람, 구경꾼

MEMO

625 interruption 圏 방해, 중단, 장애
[ìntərʌ́pʃən] 인터럽션

work interruptions 업무 중단

Life is full of interruption.
인생에는 많은 장애가 따르기 마련이다.

파생어 interrupt 방해하다, 중단하다
    uninterrupted 연속적인, 간단없는

626 ivy 圏 담쟁이덩굴
[áivi] 아이비

poison ivy 덩굴옻나무

The ivy **is climbing on the old walls.**
담쟁이덩굴이 낡은 벽을 기어오르고 있다.

627 immigration 圏 이민, 이주, 출입국 관리
[ìmigréiʃən] 이미그레이션

an immigration **officer** 출입국관리소 직원

Tension over immigration **has been growing.**
이민과 관련하여 긴장이 고조되고 있다.

파생어 immigrant 이민자

628 plum 圏 서양자두, 매화
[plʌm] 플럼

drink a cup of plum **tea every morning** 매일 아침 매실차를 마셔다

Are there any plums **in your orchard?**
과수원에 자두는 있어요?

파생어 plummy 자두 같은

● MEMO

629 authority 명 권위, 권력, 권위자, 당국
[əθɔ́ːriti] 어쎄리티

a person in authority 권력을 쥐고 있는 사람

He spoke with authority on the topic.
그는 그 주제에 대해 권위를 갖고 연설을 했다.

파생어 authorize 승인하다, 허가하다

630 retirement 명 은퇴, 퇴직, 정년
[ritáiərmənt] 리타이얼먼트

an old actor in retirement 은퇴한 노배우

At 60, he was now approaching retirement.
60세인 그는 이제 은퇴할 때가 다 되어 가고 있다.

파생어 retire 은퇴하다, 퇴직하다
retired 은퇴한

631 dropout 명 탈락, 중퇴자
[drápàut] 드랍아웃

race dropouts 레이스 탈락자들

She too was a high school dropout.
그녀 역시 고등학교 중퇴생이었다.

632 encyclopedia 명 백과사전
[insàikləpíːdia] 인사이클러피디아

consult an encyclopedia 백과사전에서 찾아보다

With the encyclopedia open, she answered the questions.
그녀는 백과사전을 펼쳐 놓고 질문에 답했다.

● MEMO

633 worthy
[wə́:rði] 월디

® 존경할 만한, 가치 있는

anything worthy of mention 언급할 가치가 있는 그 어떤 것

The proposal is worthy to be considered.
그 제안한 한 번쯤 생각해 볼 가치가 있다.

반의어 unworthy 가치 없는, 걸맞지 않은
파생어 worth 가치있는, ~할 만한

634 shatter
[ʃǽtər] 섀털

® 산산이 부서지다, 산산조각 나다, ~을 파괴하다

the houses shattered by the typhoon 태풍으로 파괴된 집들

An accident shattered his good image.
사고가 그의 좋은 이미지가 산산조각 냈다.

파생어 shattering 엄청나게 충격적인

635 detergent
[ditə́:rdʒənt] 디털전트

® 세제

laundry detergents 세탁세제

He is washing socks using shampoo, not detergent.
그는 세제가 아니라 샴푸를 사용해서 양말을 빨고 있다.

636 overlook
[òuvərlúk] 오벌룩

® 내려다보다, 못 보고 지나치다, 간과하다

the river overlooking from the hotel 호텔에서 내려다보이는 강

Handshakes cannot be overlooked.
악수는 간과될 수 없다.

● MEMO

637 **powerhouse** 명 발전소, 원동력, 강국
[páuərhàus] 파월하우스

an economic powerhouse 경제 강국

How is electricity produced at the powerhouse?
발전소에서 전기가 어떻게 생산되지?

638 **statement** 명 진술, 성명, 보고서
[stéitmənt] 스테이트먼트

make a false statement 허위 진술을 하다

An official statement was released.
공식 성명이 발표되었다.

파생어 state 국가, 상태, ~을 분명히 말하다
overstate ~을 과장하여 말하다, 과장하다

639 **seaweed** 명 해조류, 해초
[síːwìːd] 시위드

the toothpaste made of seaweed 해초로 만든 치약

Seaweed is a food that comes from the sea.
해초는 바다에서 나는 식품이다.

파생어 weed 잡초

640 **swap** 명 교환, 바꾸기
[swap] 스왑 동 바꾸다, 교환하다

I swapped my meal ticket with food. 나는 식권을 음식으로 바꿨다.

The swap meet was held at the middle school.
중학교에서 교환 모임이 열렸다.

🖊 MEMO

스스로의 힘으로 작성해 봅시다.

	English	Korean
01	authority	
02	bandage	
03	behold	
04	detergent	
05	dropout	
06	encyclopedia	
07	extension	
08	immigration	
09	interruption	
10	ivy	
11	overlook	
12	plum	
13	powerhouse	
14	retirement	
15	seaweed	
16	sensitivity	
17	shatter	
18	statement	
19	swap	
20	worthy	

MEMO

641 stitch
[stitʃ] 스티치

명 한 바늘, 한 땀
통 꿰매다, 바느질하다

take up a stitch 한 바늘 꿰매다

I have my pants stitched.
  나는 바지를 꿰맸다.

642 laundry
[lɔ́:ndri] 런드리

명 세탁물, 세탁

ask for laundry service 세탁을 부탁하다

She enjoys laundry and shopping.
  그녀는 세탁과 장보기를 즐긴다.

643 breeze
[bri:z] 브리즈

명 산들바람, 미풍, [俗] 아주 쉬운 일
통 산들바람이 불다, 수월하게 해치우다

a spring breeze 봄바람

The flowers were gently swaying in the breeze.
  꽃들이 산들바람에 부드럽게 흔들리고 있었다.

파생어 **breezy** 산들바람이 부는

644 departure
[dipá:rtʃər] 디팔쳐

명 떠남, 출발, 사망

the time of his departure 그의 출발 시간

We will pick you up for the departure time of your choice.
  저희가 정하신 출발 시간에 맞게 모시러 가겠습니다.

반의어 **arrival** 도착, 등장, 탄생
파생어 **depart** 떠나다

● MEMO

202

645 oral
[ɔ́ːrəl] 오럴

® 구두(口頭)의, 구술의, 입의

an oral examination 구술시험

A mouthwash is good for our oral hygiene.
구강 세척액은 우리의 구강 위생에 좋다.

반의어 written 글로 표현된, 서면으로 된

646 partly
[páːrtli] 팥틀리

® 부분적으로, 어느 정도는

partly agree 부분적으로 동의하다

In fact, you are partly right.
사실, 네 말이 어느 정도 맞아.

파생어 partial 부분적인, 국소, 일부의
    partially 부분적으로, 일부

647 destruction
[distrʌ́kʃən] 디스트럭션

® 파괴, 파멸

human destruction of the environment 인간의 환경 파괴

The destruction of brain cells leads to his death.
뇌세포의 파괴로 그가 사망했다.

파생어 destroy 파괴하다, 파멸시키다
    destructive 파괴적인, 해로운

648 hatch
[hætʃ] 해치

® 부화, 승강구, 해치
® 부화하다, 까다

hatch eggs artificially 인공적으로 알을 부화하다

It was not easy to open the hatch.
승강구를 여는 것은 쉽지 않았다.

파생어 hatcher 알을 까는 새[동물], 알 품은 닭
    hatchable 부화할[될] 수 있는

● MEMO

649 poll
[poul] 폴   몡 여론조사, 투표, 득표수

head the poll   최고 득표수를 얻다

A poll said education costs increase as children grow up.
한 여론조사에서 자녀가 성장하면 교육비가 증가한다고 나타났다.

650 nickel
[níkl] 니클   몡 니켈, 美5센트짜리 동전

the world's largest nickel mine   세계 최대의 니켈광산

The child spent his last nickel for a candy bar.
그 아이는 막대 사탕을 사 먹으려고 마지막 남은 5센트 동전을 썼다.

651 reference
[réfərəns] 레퍼런스   몡 참조, 참고, 언급, 추천서

a mathematics reference book   수학참고서

The map reference is Y4.
지도에서 참조 번호는 Y4이다.

파생어 refer   말하다, 언급하다
      referee   심판, 판정, 주심

652 flatter
[flǽtər] 플래털   통 아첨하다, 납작해지다

flatter a person with compliments   남에게 아첨하여 기쁘게 하다

Are you trying to flatter me?
너 나한테 아첨하는 거니?

파생어 flat   납작한

🖊 MEMO

204

653 **slender**
[sléndər] 슬렌덜   휑 날씬한, 호리호리한

a beautiful and slender blonde woman   한 아름답고 날씬한 금발미녀

They made him slender.
그들은 그를 날씬하게 만들었다.

유의어 thin 얇은, 마른
      slim 슬림, 날씬한

654 **entitle**
[intáitl] 인타이틀   동 ~라고 칭하다, 자격을 주다, ~으로 제목을 붙이다

a book entitled "The Rubber Eraser"   <고무지우개>라는 제목의 책

She is entitled to one-week vacation.
그녀는 일주일간의 휴가를 갈 자격이 있다.

파생어 title 제목, 우승, 타이틀
      titled 직함이 있는

655 **rhyme**
[raim] 라임   명 운, 각운, 압운
                 동 운을 맞추다

nursery rhymes   동요

The rapper is good at using rhymes.
그 래퍼는 운을 잘 이용한다.

파생어 rhymeless 무운(無韻)의

656 **dressing**
[drésiŋ] 드레싱   명 옷 입기, 의복, 드레싱, 샐러드 소스, (상처의) 처치, 붕대

renew a dressing   붕대를 갈다

Dressing is another source of stress.
옷을 입는 것은 스트레스의 또 다른 원인이다.

파생어 dress 입다, 옷, 드레스
      dressed 입었다, 복장, 옷차림

🍏 MEMO

657 sophomore 명 (4년제 대학·고교의) 2학년생
[sáfəmɔ̀:r] 사퍼모얼

male and female sophomores 2학년 남녀생들

The young sophomore players played hard.
어린 2학년 선수들이 열심히 시합했다.

658 millennium 명 천년, 새로운 천년이 시작되는 시기, 밀레니엄
[miléniəm] 밀레니엄

NASA's New Millennium Program 나사의 뉴밀레니엄 프로그램

The civilization began a millennium ago.
그 문명은 천 년 전에 시작되었다.

파생어 millennial 천년간의

659 downturn 명 하강, 하향, 쇠퇴, 침체
[dáuntə̀:rn] 다운턴

the downturn in the real estate market 부동산시장의 침체

The Seoul stock market reflected the projected downturn.
한국의 주식 시장은 예견된 경기침체를 반영했다.

660 swirl
[swə:rl] 스월
명 소용돌이
동 빙빙 돌다, 소용돌이치다

a swirl of dust 소용돌이 치는 먼지

The water swirled down the drain.
물이 소용돌이치며 배수구로 빠졌다.

파생어 swirly 소용돌이치는, 소용돌이꼴의

● MEMO

스스로의 힘으로 작성해 봅시다.

	English	Korean
01	breeze	
02	departure	
03	destruction	
04	downturn	
05	dressing	
06	entitle	
07	flatter	
08	hatch	
09	laundry	
10	millennium	
11	nickel	
12	oral	
13	partly	
14	poll	
15	reference	
16	rhyme	
17	slender	
18	sophomore	
19	stitch	
20	swirl	

● MEMO

661 leftover
[léftòuvər] 레프트오벌

형 먹다 남은, 팔다 남은, 나머지의

bring in leftovers for lunch 점심으로 먹다 남은 음식을 가져 오다

She had no stomach for the leftover stew.
그녀는 남은 스튜를 먹고 싶지 않았다.

662 parachute
[pǽrəʃùːt] 패러슈트

명 낙하산

make a parachute jump 낙하산 강하를 하다

The parachute drill is different from the bungee jumping.
낙하산훈련과 번지점프는 다르다.

파생어 parachutist 낙하산을 타고 뛰어내리는 사람

663 thrift
[θrift] 쓰리프트

명 절약, 검약

exercise thrift 절약하다

Children should early be trained to value thrift.
어린이에게는 어렸을 때부터 검약을 소중히 여기는 것을 가르쳐주어야 한다.

파생어 thrifty 절약의

664 net
[net] 넷

형 에누리 없는, 순(純) 명 그물, 네트, 망(網)
동 ~의 순익을 올리다

a safety net 안전 망

The company has a net worth of $1 billion.
그 회사의 순자산은 10억 달러이다.

반의어 gross 총, 전체

🌑 MEMO

665 bunk
[bʌŋk] 벙크 　　명 침대, 침상

a little dangerous upper bunk　다소 위험한 상단 침대

Hans dreamed of falling out of his bunk.
한스는 침대에서 떨어지는 꿈을 꾸었다.

666 dimple
[dímpl] 딤플 　　명 보조개

a dimple princess　보조개 공주

I fell in love with her dimple smiles.
나는 그녀의 보조개 미소에 푹 빠졌다.

파생어　dimpled　보조개가 생긴, 잔물결이 인
　　dimply　보조개[옴폭한 곳]가 있는

667 undertake
[ʌ̀ndərtéik] 언덜테이크　　동 맡다, ~의 책임을 지다, 착수하다, 기도(企圖)하다
undertake-undertook-undertaken

undertake arrangements　준비를 맡다

He undertook the mission of exploding the bridge.
그는 다리를 폭파하는 임무를 맡았다.

파생어　take　(시간)이 걸리다, 가지다
　　taken　찍은, 받은, 가져간

668 tense
[tens] 텐스　　형 긴장한, 긴박한
명 [文] 시제　동 긴장하다

the tense moment　긴박한 순간

Don't be tensed!
긴장하지 마!

파생어　tension　긴장, 팽팽함, 갈등
　　tensely　긴장하여, 긴박하여

🔵 MEMO

669 explode
[iksplóud] 익스플로드   동 폭발하다, 폭발적으로 증가하다, 터지다

explode in the air 공중에서 폭발하다

The heater in the kitchen exploded.
부엌의 히터가 터졌다.

파생어 explosion 폭발, 급증
       explosive 폭발적인, 격정적인

670 spicy
[spáisi] 스파이시   형 향기로운, 양념을 많이 한, 매콤한

a spicy hamburger 매콤한 햄버거

Ttteokbokki is spicy but delicious.
떡볶이는 맵지만 맛있다.

671 workstation
[wə́:rkstèiʃən] 월크스테이션   명 작업 장소, 작업 자리, 워크스테이션

manage a workstation with ease 워크스테이션을 쉽게 관리하다

His workstation is in the middle.
그의 작업 장소는 중앙에 있다.

672 equator
[ikwéitər] 익퀘이털   명 적도

above the equator 적도보다 위에

The plant grows well in regions near the equator.
그 식물은 적도 주변에서 잘 자란다.

파생어 equatorial 적도의

🍎 MEMO

673 craze
[kreiz] 크레이즈

명 열풍, 열중, 광기(狂氣)

the Korean wave craze 한류(韓流) 열풍

Lotto was a craze throughout Korea.
한국 전역에 로또 광풍이 불었다.

파생어 crazy 미친

674 selfish
[sélfiʃ] 셀피쉬

형 이기적인, 자기 중심적인

selfish people 이기적인 사람들

He is selfish and lazy.
그는 이기적으로 행동하고 게으르다.

반의어 selfless 사심 없는

675 storehouse
[stɔ́:rhàus] 스토얼하우스

명 창고, 보고(寶庫)

clean up the storehouse 창고를 청소하다

It is now used as an apple storehouse.
그곳은 지금 사과 창고로 사용된다.

676 milestone
[máilstòun] 마일스톤

명 이정표(里程標), 중대한 사건, 획기적인 사건

a milestone in medical history 의학사에 있어서 획기적인 사건

The new museum may become a milestone for Korea's future.
그 새로운 박물관은 한국의 미래에 이정표가 될지도 모른다.

● MEMO

677 **domestic** [형] 국내의, 가정의
[dəméstik] 더메스틱

domestic tourism 국내 관광

Are you living a peaceful domestic life?
평온한 가정생활을 하고 계세요?

파생어 domestically 가정적으로, 국내에서
domesticate 길들이다, 가정에 정들게 하다

678 **earnest** [형] 진지한, 열심인, 성실한
[ə́:rnist] 얼니스트 [명] 진지함

an earnest student 성실한 학생

The earnest workers never returned.
성실한 근무자들이 다시는 돌아오지 않았다.

파생어 earnestness 진지함, 열심, 진심.
earnestly 진지하게, 진정으로

679 **hygiene** [명] 위생
[háidʒi:n] 하이진

the oral hygiene 구강 위생

The sales of personal hygiene products are rising.
개인 위생용품 매출이 늘고 있다.

파생어 hygienic 위생적인

680 **rectangle** [명] 직사각형
[réktæŋgl] 렉탱글

the rectangle-shaped bus terminal 직사각형 모양의 버스터미널

Rectangles of old buildings remind me of a piece of Oriental painting.
직사각형으로 된 옛날 건물들을 보니 동양화 한 폭이 연상된다.

파생어 rectangular 직사각형의, 직각의

MEMO

스스로의 힘으로 작성해 봅시다.

	English	Korean
01	bunk	
02	craze	
03	dimple	
04	domestic	
05	earnest	
06	equator	
07	explode	
08	hygiene	
09	leftover	
10	milestone	
11	net	
12	parachute	
13	rectangle	
14	selfish	
15	spicy	
16	storehouse	
17	tense	
18	thrift	
19	undertake	
20	workstation	

MEMO

681 therapy
[θérəpi] 쎄러피

®치료, 요법

dance therapy 댄스요법

She is an expert of physical therapy.
그녀는 물리치료 전문가이다.

파생어 therapist 치료사

682 inhale
[inhéil] 인헤일

⑧들이쉬다, 흡입하다

inhale through lungs 폐를 통해 들이쉬다

I inhaled some fresh air.
나는 신선한 공기를 좀 들이마셨다.

반의어 exhale 발산하다, 내쉬다
파생어 inhalation 흡입

683 utter
[ʌtər] 어털

®완전한, 순전한, 철저한
⑧말하다

an utter joy 완전한 즐거움

His guess is utter nonsense.
그의 추측은 완전히 터무니없다.

파생어 utterly 완전히

684 bead
[bi:d] 비드

®구슬, 염주 알

a hairpin with small beads 작은 구슬들이 달린 머리핀

The glass bead is imprinted with "power."
유리구슬에는 '힘'이라는 자국이 찍혀있다.

파생어 beady 반짝거리는
　　　beaded 구슬로 장식한

● MEMO

214

685 **spokesperson** 📖 대변인
[spóukspə̀:rsn] 스폭스펄슨

the spokesperson for the Seoul Olympics 서울올림픽 대변인

Keri is a spokesperson for the American Sports Association.
케리는 미국 스포츠 협회의 대변인이다.

유의어 **spokesman** 대변인, 홍보담당자

686 **outlook** 📖 전망, 상황, 견해
[áutlùk] 아웃룩

your outlook on the future 미래에 대한 당신의 견해

Erick spoke about his outlook for the next season.
에릭은 자신의 다음 시즌 전망에 대해 얘기했다.

687 **status** 📖 지위, 상태, 신분
[stéitəs] 스테이터스

people of equal status 동등한 지위의 사람들

She was picked for her high social status.
그녀는 사회적 지위가 높아 뽑혔다.

688 **zoom** 📖 줌, 붕 소리
[zu:m] 줌 📖 급격히 확대[축소]되다, 붕 소리 내며 달리다

the lack of a zoom function 줌 기능의 부재

Steve zoomed up to that picture.
스티브는 그 사진을 확대해 보여 주었다.

● MEMO

689 moderate
[mάdərit] 마더릿
⟨형⟩ 알맞은, 적당한, 보통의, 중간의, 온건한

a man of moderate opinions 온건한 생각을 가진 사람

The team enjoyed only moderate success last season.
그 팀은 지난 시즌에 중간 정도의 성공밖에 거두지 못했다.

파생어 moderation 절제
        modesty 겸손

690 abnormal
[æbnɔ́:rməl] 애브너멀
⟨형⟩ 비정상적인, 이상한

abnormal weather 이상 기상

I saw an abnormal helicopter overhead.
나는 머리위에 떠 있는 이상한 헬기를 보았다.

반의어 normal 정상, 일반적인, 보통의
파생어 abnormally 비정상적으로, 이상

691 famine
[fǽmin] 패민
⟨명⟩ 굶주림, 기근, 기아

a pity about the mass famines 대규모 기근에 대한 동정

They went through floods and famine.
그들은 홍수와 기아를 겪었다.

파생어 famish 굶주리게 하다

692 slot
[slat] 슬랏
⟨명⟩ 틈, 가늘고 긴 구멍, 자리, 시간대

fill a slot 자리를 채우다

She will fill Natalie's news anchor slot.
그녀가 나탈리의 뉴스앵커 자리를 대신할 것이다.

파생어 slotter 홈을 파는 사람(것), 홈 파는 기계.

● MEMO

216

693 bruise
[bru:z] 브루즈

ⓝ 타박상
ⓥ 멍이 들다

bruise my leg 나의 다리에 타박상을 입다

The child fell over something, getting bruises all over his body.
그 아이는 뭔가에 걸려 넘어지는 바람에 온몸에 타박상을 입었다.

694 revenge
[rivéndʒ] 리벤지

ⓝ 복수, 보복

an act of revenge 보복행위

This appears to be some kind of revenge.
이것은 복수로 보인다.

파생어 revengeful 복수심에 불타는

695 toddler
[tádlər] 타들럴

ⓝ 아장아장 걷는 아이, 걸음마하는 유아

say hi to a toddler 아장아장 걷는 아이에게 인사하다

She has a toddler.
그녀는 걸음마하는 아기가 있다.

파생어 toddlerhood 아장아장 걷는 시기[상태], 유아기

696 altitude
[ǽltitjùːd] 얼티튜드

ⓝ 고도, 높이

a higher altitude 더 높은 고도

He is checking the altitude of each aircraft.
그는 각 비행기의 고도를 파악하고 있다.

파생어 altitudinal 고도[표고]의
유의어 height 높이, 키, 정점

● MEMO

697 **prohibit** [동] 금하다, 금지하다
[prouhíbit] 프로히빗

laws that prohibit smoking in indoor areas 실내 흡연 금지법

Animal testing in the EU has been already prohibited since 2004.
유럽 연합의 동물실험은 2004년 이후 이미 금지되어왔다.

파생어 prohibition 금지
prohibitive 금지하는, 금지의

698 **organism** [명] 유기체, 생명체
[ɔ́:rgənìzm] 얼거니즘

a living organism 살아있는 유기체

The dead bodies of organisms are broken down.
유기체의 시체가 분해된다.

파생어 organic 유기의
organize 조직하다

699 **substance** [명] 물질, 실체
[sʌ́bstəns] 섭스턴스

chemical substances 화학적 물질

A substance made by bees is royal jelly.
벌이 생산해 내는 물질이 로열젤리이다.

파생어 substantial 상당한, 실질적인, 중대한
substantially 상당히, 실질적으로

700 **obscure** [형] 분명치 않은, 모호한, 무명의, 잘 알려져 있지 않은
[əbskjúər] 업스큐얼

obscure sites in the Alps 알프스산맥에 잘 알려지지 않은 곳들

Choosing obscure players can be a challenge.
무명 선수를 고르는 것은 도전이라 할 수 있다.

파생어 obscurity 모호

MEMO

스스로의 힘으로 작성해 봅시다.

	English	Korean
01	abnormal	
02	altitude	
03	bead	
04	bruise	
05	famine	
06	inhale	
07	moderate	
08	obscure	
09	organism	
10	outlook	
11	prohibit	
12	revenge	
13	slot	
14	spokesperson	
15	status	
16	substance	
17	therapy	
18	toddler	
19	utter	
20	zoom	

● MEMO

701 transform 동 바꾸다, 변형시키다
[trænsfɔ́ːrm] 트랜스폼

transform from ~에서 변형시키다

Please experience how this event can transform your life.
이 행사가 여러분의 삶을 어떻게 바꿔 놓을 수 있는 지 체험해 보십시오.

파생어 transformation 전환, 변화, 변환
　　　 formation 형성, 대형, 구성

702 oil 명 기름, 석유, 원유
[ɔil] 오일

oil-producing countries 산유국들

China provided us with crude oil.
중국이 우리에게 원유를 제공했다.

파생어 oily 기름기가 함유된

703 biological 형 생물의, 생물적인
[baiəláddʒikəl] 바이얼라지컬

chemical and biological attacks 생화학무기 공격

Matt needs to follow biological clocks.
매트는 생체 시계를 따를 필요가 있다.

파생어 biology 생물
　　　 biologist 생물학자

704 dialect 명 사투리, 방언
[dáiəlèkt] 다이얼렉트

how to speak the regional dialect 지역 사투리를 하는 법

Almost every language has dialects.
거의 모든 언어에는 방언이 있다.

파생어 dialectal 방언의, 방언 특유의

● MEMO

705 nag
[næg] 내그

동 성가시게 잔소리 하다

keep nagging at me to study 공부하라고 내게 계속 잔소리를 하다

She told me to stop nagging.
그녀는 내게 잔소리 그만하라고 말했다.

파생어 naggy 잔소리가 심한
naggingly 잔소리하는, 불평하는

706 delicate
[déliket] 델리켓

형 섬세한, 미묘한

a delicate balance 미묘한 균형

Robots will handle delicate, complex tasks.
로봇이 섬세하고 복잡한 일을 처리하게 될 것이다.

파생어 delicacy 섬세함, 여림, 연약함
delicately 우아하게, 섬세하게

707 candle
[kǽndl] 캔들

명 초, 양초, 촛불

put out a candle 초를 끄다

We use often candles to save energy.
우리는 에너지 절약 차원으로 초를 사용하기도 한다.

파생어 candler 계란을 선별하는 사람

708 gambling
[gǽmbliŋ] 갬블링

명 도박

bet money on gambling 도박에 돈을 걸다

My brother-in-law earned through an internet gambling site.
나의 처남은 인터넷에 개설된 도박 사이트를 통해 돈을 벌었다.

● MEMO

709 outward
[áutwərd] 아웃월드

⑧ 바깥으로 향하는, 외부의
⑨ 바깥쪽으로 ⑨ 외부

an outward signal 외부 신호

His sharp eyes looked outward.
그의 날카로운 눈은 바깥을 향했다.

반의어 inward 내부의, 안으로

710 halfway
[hǽfwèi] 해프웨이

⑧ 중간의
⑨ 중도에서

the halfway line 하프라인, 중앙선

Halfway down the circle draw a horizontal line.
원 아래 중간쯤에 가로선을 그어라.

711 admission
[ædmíʃən] 애드미션

⑨ 입장, 입학, 입장료, 인정

free admission 무료입장

Last admissions to the park are at 4 p.m.
이 공원 마지막 입장 시간은 오후 4시이다.

파생어 admit 인정하다, 시인하다
admitted 인정된, 시인, 말하다

712 bravo
[bráːvou] 브라보

⑨ 브라보
⑳ 잘한다

cried "Bravo!" "브라보!"를 외쳤다

"Bravo! My Life" is a movie about retired workers.
<Bravo! My Life>는 퇴직자들에 관한 영화이다.

● MEMO

222

713 **right** [형] 옳은, 올바른
[rait] 롸잇 [부] 바로 [명] 오른 쪽, 권리

can be delivered right to him 그에게 바로 전달될 수 있다

Every student has the right to learning.
모든 학생은 배움의 권리가 있다.

[파생어] rights 권리, 인권, 저작권
rightly 올바르게, 정의롭게

714 **fatigue** [명] 피로, 피곤
[fətíːg] 퍼티그

reduce fatigue 피로를 줄이다

Overeating can cause fatigue.
과식은 피로를 유발할 수 있다.

[파생어] fatigable 곧 피로해지는
fatigueless 지치지 않는, 피로를 모르는

715 **occupy** [동] 차지하다, 점유하다, 점령하다
[ɑ́kjupài] 아큐파이

occupied Kuwait for seven months 7개월 동안 쿠웨이트를 점령했다

You forget that you occupy your own great place in the Universe.
우주에서 자신만의 멋진 위치를 차지하고 있다는 것을 잊어버리다.

[파생어] occupation 직업, 점령
occupant 점유자, 거주자

716 **vibration** [명] 진동, 떨림
[vaibréiʃən] 바이브레이션

weak vibrations 약한 진동

The old man felt the vibrations of the ground.
그 노인은 땅이 떨리는 것을 느꼈다.

[파생어] vibrate 진동하다, 떨리게 하다
vibrant 활기찬, 생기가 넘치는

MEMO

717 **attraction**
[ətrǽkʃən] 어트랙션

⟨명⟩ 매력, 볼거리, 명소

the true attraction of study 공부의 진정한 매력

We are on a trip to learn about Tokyo's attractions.
우리는 도쿄의 볼거리를 찾아 여행 중이다.

파생어 attract 끌다, 유치하다, 유혹하다
　　attractive 매력적인, 매혹적인

718 **notice**
[nóutis] 노티스

⟨명⟩ 통지, 주의, 주목
⟨동⟩ 알아차리다, 주의하다

attract one's notice 사람의 주목을 끌다

Normally, the letter would not have come to my notice.
보통 때 같았으면 그 편지가 내 주목을 받지 못했을 것이다.

파생어 noticeable 눈에 띄는, 주목할 만한
　　noticeably 두드러지게, 현저하게

719 **automatic**
[ɔ̀:təmǽtik] 어터매틱

⟨형⟩ 자동의, 무의식적인, 반사적인

automatic response systems 자동응답시스템(ARS)

Breathing is an automatic function of the body.
호흡은 신체의 무의식적인 작용이다.

파생어 automatically 자동적으로, 자연히
　　automated 자동화된, 자동의

720 **stunning**
[stʌ́niŋ] 스터닝

⟨형⟩ 놀랄만한, 기절시키는

a stunning beauty 놀랄 만큼 아름다운 미인

This stunning pad protects your knees.
이 놀랄만한 패드는 여러분의 무릎을 보호해 줍니다.

파생어 stun 기절시키다, 멍하게 하다

● MEMO

스스로의 힘으로 작성해 봅시다.

	English	Korean
01	admission	
02	attraction	
03	automatic	
04	biological	
05	bravo	
06	candle	
07	delicate	
08	dialect	
09	fatigue	
10	gambling	
11	halfway	
12	nag	
13	notice	
14	occupy	
15	oil	
16	outward	
17	right	
18	stunning	
19	transform	
20	vibration	

MEMO

721 eve
[i:v] 이브

몡 전날 밤, 전날, 이브

wonder what the eve festival will be like 전야제가 어떨지 궁금하다

We are excited to attend the New Year's Eve party.
우리는 송년의 밤 행사에 참석하게 되어 흥분된다.

722 ahead
[əhéd] 어헤드

倶 앞으로, 앞에 , 앞서, 미리

ahead of her wedding 그녀의 결혼식에 앞서

We've got a lot of hard work ahead.
우리 앞에는 많은 힘든 일이 있다.

723 closet
[klάzit] 클러짓

몡 벽장, 옷장, 찬장

a skeleton in the closet 벽장의 해골(→ 남부끄러운 비밀)

We opened a closet in our bedroom.
우리 침실의 벽장을 열었다.

724 wish
[wiʃ] 위시

몡 바람, 소원
동 바라다, 기원하다

as they wish 그들이 바라는 대로

We respect their wishes.
우리는 그들의 바람을 존중한다.

파생어 wisher 희망자, 원하는 사람
wishful 갈망하는, 소원하는

● MEMO

725 latter
[lǽtər] 래럴

형 후자의

명 후자

prefer the latter to the former 전자보다 후자를 선호하다

I prefer the latter picture to the former.
전자의 그림보다 후자의 그림이 좋다.

반의어 former 전의, 전자의
파생어 latterly 최근에

726 badly
[bǽdli] 배들리

부 나쁘게, 심하게

a badly damaged car 심하게 부서진 차

Our team was badly defeated in a game.
우리 팀이 한 시합에서 대패했다.

파생어 bad 나쁜, 좋지 않은
　　　 badness 나쁨, 나쁜 상태

727 inspire
[inspáiər] 인스파이얼

동 고취하다, 격려하다, 불어넣다, 영감을 주다

inspire hope 희망을 불어넣다

I'm always inspired by kids.
나는 항상 아이들로 부터 영감을 받는다.

파생어 inspiration (특히 예술적 창조를 가능하게 하는) 영감
　　　 inspirable 영감을 받을 수 있는

728 booth
[bu:θ] 부쓰

명 칸막이한 좌석, 부스

the booths prepared for the event 그 행사를 위해 준비된 부스들

We met in front of the pay phone booth.
우리는 공중전화박스 앞에서 만났다.

● MEMO

729 symphony
[símfəni] 심퍼니 · 명 교향곡, 심포니

play a symphony 교향곡을 연주하다

He has composed many beautiful symphonies.
그는 아름다운 교향곡을 많이 작곡했다.

파생어 symphonize 화음을 이루어 함께 연주하다
symphonic 교향악의

730 horn
[hɔːrn] 혼 · 명 뿔, 경적

unnecessarily blow the horn 불필요하게 경적을 울리다

The horn can be a symbol for a hippo.
뿔은 하마의 상징이 될 수 있다.

파생어 horny 흥분한
hornless 뿔 없는

731 grand
[grænd] 그랜드 · 형 큰, 대, 웅장한, 장려한

a grand mountain 웅장한 산

A magic show was held at Seoul Grand Park in Gwacheon.
마술쇼가 과천 서울대공원에서 열렸다.

파생어 grandeur 위풍, 위엄, 장관
grandly 장대하게, 웅장하게

732 aim
[eim] 에임 · 명 목표, 목적
동 겨냥하다

the aim of his study 그의 연구의 목적

Eun-mi aims to place himself among the top five students.
은미는 상위 5명에 드는 것을 목표로 세우고 있다.

파생어 aimless 목적 없는, 목적이 없는
aimlessly 목적 없이, 지향 없이

● MEMO

228

733 bush
[buʃ] 부쉬   명 수풀, 덤불, 관목 숲

some dead bushes 일부 죽은 수풀들

Michael spent three days in the bushes.
마이클은 덤불 속에서 3일을 보냈다.

734 import
[impɔ́:rt] 임포트   명 수입
                       동 수입하다

have trouble importing coals 석탄 수입에 애를 먹고 있다

Indians are fond of buying imports.
인디안들은 수입품 구매를 좋아한다.

반의어 **export** 수출
파생어 **importable** 수입할 수 있는

735 complement
[kámpləmənt] 캄플러멘트   명 보충, 보완, 보어
                           동 [kámpləmènt] 보충하다, 보완하다

a complement to ~에 대한 보완물

The team needs players who complement each other.
그 팀에는 서로를 보완해 주는 선수들이 필요하다.

파생어 **complementary** 보완적인, 대체

736 total
[tóutl] 토틀   형 전부의, 총계의
                   명 전체, 총계, 합계

the total area of Germany 독일의 총 면적

A total of 10 Asian groups are to join the contest.
총 10개 아시아 그룹이 콘테스트에 참가할 예정이다.

반의어 **partial** 부분적인, 국소, 일부의
파생어 **totally** 완전히, 전적으로

● MEMO

737 **dare**
[dɛər] 데얼

동 감히 ~하다

dare to think about driving a luxury car 감히 럭셔리 차를 몰 생각을 하다

No one will dare challenge me.
누구도 감히 내게 대들지 못할 것이다.

파생어 **daring** 대담한, 용감한, 감히
　　　 daringly 대담하게, 용맹하게

738 **summit**
[sʌ́mit] 써밋

명 정상 회담, 정상, 산꼭대기, 절정, 정점

a summit talk between the two countries 양국 간의 정상 회담

They agreed at the summit last month.
그들은 지난 달 정상회담에서 합의를 했다.

유의어 **top** 위, 최고인, 가장

739 **neither**
[ní:ðər] 니덜

대 부 ~도 …도 아니다
형 어느 쪽도 ~이 아닌

neither of us 우리들 중 누구도 아니다

Neither I nor he speaks French.
나나 그나 불어를 못한다.

반의어 **either** 또한, 역시, 어느 쪽

740 **maybe**
[méibi:] 메이비

부 어쩌면, 아마

maybe all she needs 아마 그녀가 필요한 모든 것은

Maybe he will get the computer fixed twice.
아마 그는 컴퓨터를 두 번 고치게 될는지 모르겠다.

● MEMO

스스로의 힘으로 작성해 봅시다.

	English	Korean
01	ahead	
02	aim	
03	badly	
04	booth	
05	bush	
06	closet	
07	complement	
08	dare	
09	eve	
10	grand	
11	horn	
12	import	
13	inspire	
14	latter	
15	maybe	
16	neither	
17	summit	
18	symphony	
19	total	
20	wish	

● MEMO

741 method
[méθəd] 메쏘드 명 방법, 방식, 수단

introduce a method 방식을 세우다

That is as powerful a method of prayer as I know.
그것은 내가 아는 강력한 기도 방식이다.

파생어 methodology 방법론, 방안, 기술
　　　methodical 조직적인, 질서 있는

742 calculation
[kæ̀lkjuléiʃən] 캘큘레이션 명 계산, 산출

the calculation of his debt 그의 부채 계산

All the data calculations were completed.
모든 자료 계산이 완료되었다.

파생어 calculate 계산하다, 산정하다
　　　calculated 면밀히 계산된

743 cradle
[kréidl] 크레들 명 요람, 아기 침대

from the cradle to the grave 요람에서 무덤까지

The car began to shake like a cradle.
차가 요람처럼 흔들리기 시작했다.

744 gloomy
[glúːmi] 글루미 형 우울한, 울적한

gloomy news about traffic accidents 교통사고와 관련된 우울한 소식

The President looks gloomy.
대통령이 우울해 보인다.

파생어 gloomily 어둡게, 침침하게

● MEMO

745 inherit
[inhérit] 인헤릿   통 상속받다, 물려받다

inherit an estate   토지를 상속하다

He has inherited his mother's patience.
그는 어머니의 인내심을 물려받았다.

파생어 inheritance   상속받은 재산

746 monk
[mʌŋk] 멍크   명 승려, 스님

the death of a young monk   한 젊은 스님의 죽음

Roger will visit a monk who is in his 40s.
로저는 40대 승려를 방문할 예정이다.

파생어 monkish   수도자 같은, 수도자의

747 govern
[gʌ́vərn] 거번   통 통치하다, 관리하다, 지배하다

our lives governed by time   시간에 의해 지배받은 우리의 삶

The country is governed by elected representatives of the people.
그 나라는 선출된 국민의 대표들이 통치한다.

파생어 government   정부, 관공서, 행정
     governing   통치하는, 운영하는, 지배하는

748 indicate
[índikèit] 인디케이트   통 가리키다, 나타내다, 지적하다, 지시하다

the numbers I indicate   내가 지적한 숫자들

The hygrometer indicates the humidity of the air.
습도계는 공기의 습도를 가리킨다.

파생어 indicator   지표, 지수, 예측
     indication   가리키는

● MEMO

749 excessive
[iksésiv] 익세시브   ⑧ 지나친, 과도한

excessive charges 과도한 요금

The teacher didn't use excessive force.
그 교사는 과도한 폭력을 사용하지 않았다.

파생어 excess 과도

750 severe
[sivíər] 씨비얼   ⑧ 심한, 맹렬한, 격심한

a very severe case 매우 심한 경우

The severe hurricanes are coming.
허리케인이 맹렬히 몰려오고 있다.

파생어 severity 격렬, 혹독
     severely 심하게, 엄하게

751 avoid
[əvɔ́id] 어보이드   ⑧ 피하다, 방지하다, 막다, 모면하다

avoid following his bad example 그의 나쁜 선례를 따르는 것을 피하다

It is best to avoid the crazy dog.
미친개는 피하는 것이 최선이다.

파생어 avoidance 회피, 취소, 피하기
     avoidable 피할 수 있는, 무효로 할 수 있는

752 sew
[sou] 쏘우   ⑧ 꿰매다, 바느질하다
              sew-sewed-sewed/sewn

a red star sewn onto his prison uniform 그의 죄수복에 꿰매어 단 붉은 별

She sewed a doll for me.
그녀는 내게 인형을 바느질을 해서 만들어 주었다.

● MEMO

753 **ruin**
[rú:in] 루인

[명] 멸망, 붕괴, 몰락
[동] 망치다, 파산시키다

the ruin of ancient Rome 고대 로마의 멸망

The exhibition was ruined by a few students.
전시회가 몇몇 학생들에 의해 망쳐졌다.

파생어 ruinous 감당할 수 없는

754 **tomb**
[tu:m] 툼

[명] 묘, 묘지, 무덤

the tomb of former President Kim 김 전 대통령의 묘

Cheonmachong is a royal tomb in Gyeongju.
천마총은 경주에 있는 왕릉이다.

유의어 tombstone 묘비

755 **intense**
[inténs] 인텐스

[형] 강력한, 강렬한, 극심한

intense heat 극심한 더위

We were impressed with its intense beat.
우리는 그것의 강렬한 비트에 인상 깊었다.

파생어 intensity 강도, 강렬함
intensify ~을 격렬하게 하다, ~의 정도를 더하다

756 **propel**
[prəpél] 프러펠

[동] 나아가다, 추진하다

propel a boat by rowing 보트를 저어 나아가다

He is a person to propel by ambition.
그는 야망에 의해 추진하는 사람이다.

파생어 propulsion 추진, 추진력
propulsive 추진력 있는, 추진하는

MEMO

757 reduce
[ridjú:s] 리듀스

동 줄이다, 감소하다

reduce one's weight 체중을 줄이다

Our efforts are made to reduce out-of-school teaching expenses.
우리는 사교육비를 줄이기 위해 노력을 해야 한다.

파생어 reduction 축소, 삭감, 감소
reducible 축소[환원]시킬 수 있는

758 browse
[brauz] 브라우즈

동 검색하다, 열람하다, (상품 등을) 구경하다, 둘러보다

browse accessories 액세서리를 구경하다

I often browse online shopping malls to save time.
나는 때로 시간을 아끼기 위해 온라인쇼핑몰을 둘러본다.

파생어 browser 브라우저

759 reap
[ri:p] 립

동 거두다, 수확하다

reap rice 쌀을 수확하다

As you sow, so you reap.
뿌린 대로 거둔다.

760 startling
[stá:rtliŋ] 스탈틀링

형 깜짝 놀랄, 놀라운, 놀랄 만한

a startling discovery 깜짝 놀랄 발견물

The most startling change was her hairstyle.
가장 놀라운 변화는 그녀의 헤어스타일 이였다.

파생어 startlingly 놀랍도록, 놀랄 만큼

● MEMO

스스로의 힘으로 작성해 봅시다.

	English	Korean
01	avoid	
02	browse	
03	calculation	
04	cradle	
05	excessive	
06	gloomy	
07	govern	
08	indicate	
09	inherit	
10	intense	
11	method	
12	monk	
13	propel	
14	reap	
15	reduce	
16	ruin	
17	severe	
18	sew	
19	startling	
20	tomb	

● MEMO

761 spiral
[spáiərəl] 스파이럴
형 나선형의 명 소용돌이선(線)
동 소용돌이 꼴로 나아가다

a spiral staircase 나선 층계

The birds circled in a slow spiral above the house.
그 새들이 그 집 위에서 천천히 나선형으로 돌았다.

파생어 spire 첨탑

762 nevertheless
[nèvərðəlés] 네벌더레스
부 그럼에도 불구하고, 그렇지만

a small but nevertheless important change 사소하나 중요한 변화

Nevertheless, they wish to drink clean water.
그렇지만 그들은 깨끗한 물을 마시고 싶어 한다.

763 monument
[mánjumənt] 마뉴먼트
명 기념비, 기념물

the monuments of ancient culture 고대 문화의 기념비들

A monument to him was erected in St Paul's Cathedral.
성 바오로 대성당에 그를 기념하는 기념비가 세워졌다.

파생어 monumental 기념비적인

764 gut
[gʌt] 것
명 내장, 창자, 용기, 배짱

a spider's gut 거미 내장

I have the guts to follow my favorite entertainers.
내가 제일 좋아하는 연예인들을 따라다닐 수 있는 배짱이 있다.

🍎 MEMO

238

765 pinky
[píŋki] 핑키
형 새끼손가락의, 연분홍색의
명 새끼손가락

a ring on his pinky finger 그 남자 새끼손가락의 반지

It is no bigger than a pinky toe.
그것은 새끼발가락보다 크지 않다.

766 widow
[wídou] 위도우
명 미망인, 과부

become a widow 미망인이 되다

A widow wears the black dress when her husband dies.
미망인은 남편이 죽으면 검은색 옷을 입는다.

반의어 widower 홀아비
유의어 widowhood 과부 신세

767 quest
[kwest] 퀘스트
명 추적, 탐구, 추구

make a life quest of happiness 행복을 평생 추구하다

He set off in quest of adventure.
그는 모험 탐구에 나섰다.

파생어 questing 탐색[탐구]하는

768 artifact
[ɑ́ːrtifæ̀kt] 알티팩
명 인공물, 공예품

a wonderful artifact 훌륭한 공예품

They promised to give back artifacts to us.
그들은 우리에게 공예품들을 돌려주겠다고 약속했다.

● MEMO

769 immerse
[imə́:rs] 이멀스
동 담그다, 빠져들게 하다, 몰두하다

immerse themselves in the project 그들 자신이 프로젝트에 몰두하다

We will be immersed in the natural beauty.
우리는 자연의 아름다움에 푹 빠지게 될 것이다.

파생어 immersion 몰입

770 formerly
[fɔ́:rmərli] 퍼멀리
부 이전에, 예전에, 전에

a formerly prosperous town 이전에 번창했던 도시

I learnt that the house had formerly been an inn.
나는 그 집이 전에는 여관이었던 것을 알게 되었다.

771 minister
[mínistər] 미니스털
명 목사, 장관, 대신

the Minister of Education 교육부 장관

Why did the minister ask you to pray?
왜 목사님이 네게 기도하라고 요구하셨니?

772 executive
[igzékjutiv] 이그제큐티브
명 임원, 중역, 간부

executive toys 간부들의 장난감

The former executive was out of a job for long.
전 간부는 오랫동안 실직하고 있었다.

파생어 execute 실행하다

● MEMO

240

773 **rafting**
[rǽftiŋ] 래프팅
[명] 뗏목타기, 급류타기, 래프팅

go white-water rafting 급류 타기 하러 가다

We went white-water rafting on the Colorado River.
우리는 콜로라도 강으로 급류타기 래프팅을 하러 갔다.

774 **resistant**
[rizístənt] 리지스턴트
[형] 저항하는, 방해하는, ~에 강한

disease-resistant plants 질병에 강한 식물들

This is lightweight, water resistant, strong and inexpensive.
이것은 가볍고 내수성이 있으며 단단하고 저렴하다.

파생어 resist 저항하다
resistance 반항

775 **encounter**
[inkáuntər] 인카운털
[명] 마주침, 해후, 조우
[동] 우연히 만나다. 부닥치다

encounter a language barrier 언어 장벽에 부딪치다

The doctor has encountered many cancer patients.
그 의사는 많은 암환자들을 만나왔다.

776 **illness**
[ílnis] 일니스
[명] 병, 질병, 질환

feign illness 꾀병을 부리다

Tobacco smoke can lead to serious illness.
흡연은 심각한 질병의 원인이 될 수 있다.

파생어 ill 아픈

MEMO

777 **dip** [동] 담그다, 떨어지다, 물에 들어가다
[dip] 딥

dip a dress 옷을 담가서 물들이다

The painter dipped his brush in a can of yellow paint.
그 페인트공은 붓을 노란 페인트 깡통에 살짝 담갔다.

파생어 dipper 국자

778 **prefix** [명] 접두어
[prí:fiks] 프리픽스

some common prefixes 몇몇 흔한 접두어들

Prefixes can help you understand what a new word means.
접두어는 새로운 단어의 의미를 이해하는데 도움을 줄 수 있다.

반의어 suffix 접미사, ~로 끝나는

779 **abandon** [동] 버리다, 포기하다, 단념하다, 떠나다
[əbǽndən] 어밴던

abandon one's country 조국을 떠나다

The baby had been abandoned by its mother.
그 아기는 엄마에게 버림을 받은 것이었다.

파생어 abandoned 버림받은, 제멋대로의
abandonment 포기, 유기, 폐기

780 **boredom** [명] 지루함, 권태
[bɔ́:rdəm] 볼덤

in infinite boredom 몹시 지루하여

Some students didn't like the boredom of long trips.
일부 학생들은 긴 여행의 지루함을 좋아하지 않았다.

파생어 boring 지루한, 따분한
bore 지루하게 하다, 따분하게 하다

MEMO

스스로의 힘으로 작성해 봅시다.

	English	Korean
01	abandon	
02	artifact	
03	boredom	
04	dip	
05	encounter	
06	executive	
07	formerly	
08	gut	
09	illness	
10	immerse	
11	minister	
12	monument	
13	nevertheless	
14	pinky	
15	prefix	
16	quest	
17	rafting	
18	resistant	
19	spiral	
20	widow	

🍧 MEMO

781 overtake
[òuvərtéik] 오벌테이크

(동) 따라잡다, 추월하다

overtake-overtook-overtaken

overtake the champion 챔피언을 따라잡다

When I should overtake him is uncertain.
내가 그를 언제 따라잡아야 할지는 불분명하다.

파생어 take 가지다, 받다, 찍다
taken 찍은, 받은, 가져간

782 endow
[indáu] 인다우

(동) 주다, 부여하다

endow him with good eyesight 그에게 좋은 시력을 주다

You were endowed with talents.
너는 재능을 부여받았다.

파생어 endowment 기증

783 retain
[ritéin] 리테인

(동) 간직하다, 유지하다, 보유하다

retain one's right 권리를 보유하다

He has retained his power ever since.
그는 그 이후 권력을 유지해 왔다.

파생어 retention 보유, 기억
retentive 보유하는, 기억력이 좋은

784 disguise
[disgáiz] 디스가이즈

(명) 위장, 변장
(동) 위장하다, 변장하다, 숨기다

disguise oneself with a wig 가발로 변장하다

He appears in disguise.
그는 변장하고 나온다.

파생어 disguised 변장한, 속임수의

🔴 MEMO

785 monastery
[mánəstèri] 마너스테리

명 수도원

perform at a monastery in France 프랑스의 한 수도원에서 공연하다

My mother went to the monastery.
어머니가 수도원에 가셨다.

유의어 abbey 대수도원

786 regarding
[rigáːrdiŋ] 리갈딩

전 ~에 관해서는, ~에 대해서

her philosophy regarding flowers 꽃에 대한 그녀의 철학

They will make decisions regarding our future.
그들은 우리의 미래에 대해 결정을 내릴 것이다.

파생어 regard 간주하다

787 reckless
[réklis] 렉클리스

형 무모한, 신중하지 못한, 난폭한

to cause death by reckless driving 난폭 운전으로 죽음을 초래하다

We were surprised at his reckless driving.
우리는 그의 난폭 운전에 놀랐다.

파생어 recklessness 무모함
recklessly 무모하게, 개의치 않고

788 coincidence
[kouínsidəns] 코인시던스

명 동시 발생, 우연의 일치

a series of coincidences 우연의 연속

This may be taken as a coincidence.
이번 일은 우연의 일치로 볼 수 있다.

파생어 coincide 일치하다, 동시에 일어나다
coincidental 부합한, 동시에 발생한

● MEMO

789 **seize**
[siːz] 시즈

[동] 붙잡다, 빼앗다, 잡다, 꽉 쥐다

seize a rope 나는 네가 밧줄을 꽉 붙잡다

He has no money to seize.
그는 빼앗을 돈이 전혀 없다.

[파생어] seizer 잡는 사람, 압류인
seizable 잡을 수 있는, 압류할 수 있는

790 **implant**
[implǽnt] 임플랜트

[명] 이식되는 물질, 임플란트
[동] 심다, 이식하다, 주입하다

implant the seeds of hope 희망의 씨앗을 심다

Are silicone implants safe?
실리콘 이식이 안전합니까?

791 **device**
[diváis] 디바이스

[명] 고안, 장치, 기기(機器)

a safety device 안전 장치

I read best-sellers on a number of devices, including the iPad.
나는 아이패드를 포함하여 많은 기기를 통해 베스트셀러를 읽는다.

[파생어] devise 고안하다

792 **stroll**
[stroul] 스트롤

[명] 거닐기, 산책
[동] 한가롭게 거닐다, 산책하다

the afternoon stroll 오후 산책

I strolled through the forest.
나는 숲을 거닐었다.

[유의어] walk 걷다, 보행, 산책하다

MEMO

793 colony
[kάləni] 칼러니

명 식민지, 집단

former British colonies 과거 영국의 식민지들

The country was a colony hundreds of years ago.
그 나라는 수 백 년 전에 식민지였다.

파생어 colonial 식민지의
colonization 식민지 건설, 식민지화

794 emit
[imít] 이밋

동 발산하다, 방출하다, 내뿜다

the energy emitted over the past century 지난 세기동안 방출된 에너지

The carbon dioxide is emitted from the car.
자동차에서 이산화탄소가 배출된다.

파생어 emission 내뿜음

795 interchange
[intərtʃéindʒ] 인털체인지

명 교환, 인터체인지
동 서로 교환하다, 주고받다

a continuous interchange of ideas 계속적인 의견 교환

He got off near the Yangjae interchange.
그는 양재 인터체인지 부근에서 내렸다.

파생어 interchangeable 교환할 수 있는

796 withdraw
[wiðdrɔ́ː] 위드드러우

동 물러나다, 철수하다, 인출하다

withdraw $100 at a bank 1백 달러를 은행에서 인출하다

The troops started to withdraw.
군대는 철수하기 시작했다.

파생어 withdrawal 철수

● MEMO

797 **relocate** [동] 위치를 옮기다, 이전시키다
[rì:loukéit] 리로케이트

relocate an American base 미군 기지를 이전하다

The company relocated its head office to Stanford.
그 기업은 본사를 스탠퍼드로 이전시켰다.

파생어 relocation 이전, 재배치, 재입지
location 위치, 장소, 지역

798 **vibrate** [동] 진동하다, 흔들리다,
[váibreit] 바이브레이트

Strings vibrate when struck 현(絃)을 치면 진동한다

The smell vibrated throughout the woods.
냄새가 숲 전체에 진동했다.

파생어 vibration 떨림[흔들림], 진동
vibrant 활기찬, 생기가 넘치는

799 **vein** [명] 정맥
[vein] 베인

pass through veins 정맥 혈관을 통과하다

The blood flows through the veins.
피가 정맥을 따라 흐른다.

반의어 artery 동맥

800 **preschool** [형] 취학 전의(5-6세까지의)
[prí:skú:l] 프리스쿨 [명] 유치원, 보육원

a preschool age 미취학 연령

The teacher studied preschool education at college.
선생님은 대학에서 유아교육을 전공했다.

파생어 school 학교
schooling 학교 교육, 교실 수업

MEMO

스스로의 힘으로 작성해 봅시다.

	English	Korean
01	coincidence	
02	colony	
03	device	
04	disguise	
05	emit	
06	endow	
07	implant	
08	interchange	
09	monastery	
10	overtake	
11	preschool	
12	reckless	
13	regarding	
14	relocate	
15	retain	
16	seize	
17	stroll	
18	vein	
19	vibrate	
20	withdraw	

● MEMO

801 task
[tæsk] 태스크
명 일, 과업, 과제

the task to improve the e-learning conditions e러닝 환경개선 과제

Getting hold of this information was no easy task.
이 정보를 입수하는 건 쉬운 일이 아니었다.

파생어 **taskless** 일이 없는
유의어 **work** 일하다

802 approve
[əprúːv] 어프루브
동 승인하다, 인정하다

approve conditionally 조건부로 승인하다

Most members will approve of the new club rules.
대부분의 회원들이 새 동아리 규칙을 승인할 것이다.

반의어 **disapprove** 반대하다, 못마땅해하다
파생어 **approval** 승인, 허가, 동의

803 ticket
[tíkit] 티킷
명 표, 티켓, (교통 위반자에 대한) 딱지

buy concert tickets online 온라인으로 콘서트 티켓을 사다

The police officer gave me a parking ticket.
경찰관이 내게 주차위반 딱지를 뗐다.

파생어 **ticketing** 매표

804 antique
[æntítːk] 앤티크
형 골동품의
명 골동품

the value of your antiques 네 골동품들의 가치

That is a real antique I bought at Sacramento.
그것은 내가 새크라멘토에서 산 진짜 골동품이다.

유의어 **ancient** 고대의, 오래된, 옛날의

● MEMO

250

805 between

[bitwíːn] 비트윈

®~의 사이에

between Monday and Friday 월요일과 금요일 사이에

A deal has been done between them.
그들 간에 거래가 이뤄졌다.

806 urgent

[ə́ːrdʒənt] 얼전트

® 긴급한, 급박한

more urgent action 좀 더 긴급한 조치

Something urgent has come up.
긴급한 일이 생겼다.

파생어 urge 촉구하다, 요구하다
urgently 긴급하게, 절박하게

807 dye

[dai] 다이

® 염색, 염료
® 염색하다

stop at a salon for a hair dye job 머리 염색하러 미용실에 들르다

She dyed her black hair yellow.
그녀는 자신의 검은 머리를 노랗게 물들였다.

파생어 dyer 염색업자, 염색소

808 thief

[θiːf] 씨프

® 도둑, 절도

a thief who tries to break into the store 가게를 털려는 도둑

I found her bag the thief stole
나는 도둑이 훔친 그녀의 가방을 발견했다.

파생어 thievish 훔치는 버릇이 있는, 도둑의
유의어 burglar 도둑, 빈집 털이

● MEMO

809 hospital
[háspitl] 하스피틀

명 병원

the Children's Hospital of Yeonsinae in Seoul 서울 연신내 아동 병원

There is no hospital in this area.
이 지역에는 병원이 없다.

파생어 hospitalize 입원시키다

810 emergency
[imə́:rdʒənsi] 이멀전씨

명 긴급, 비상

the emergency exit 비상구

There has been a rise in emergency calls.
비상전화 통화가 증가해 왔다.

811 marathon
[mǽrəθɑ̀n] 매러싼

명 마라톤

during a marathon talk 마라톤 회의를 하는 동안

A lot of participants ran in a marathon.
많은 사람들이 마라톤에 참가했다.

812 furthermore
[fə́:rðərmɔ̀:r] 퍼더모얼

분 게다가, 더군다나, 뿐만 아니라, 더욱이

besides, moreover or furthermore 그 위에

Seoul is spacious, furthermore, Seoul is comfortable.
서울은 넓고, 더욱이 편안하기까지 하다.

🌕 MEMO

813 **toothpaste** 몡 치약
[túːθpèist] 투쓰페이스트

ran out of toothpaste 치약이 떨어졌다

This toothpaste leaves your mouth fresh.
이 치약은 입을 개운하게 해 준다.

파생어 **tooth** 이, 치아, 이빨

814 **test** 몡 시험, 검사, 테스트
[test] 테스트 통 시험보다, 검사하다, 테스트하다

take a math test for graduation 수학 졸업 시험을 보다

The tests came back positive.
테스트를 실시한 결과 양성반응을 보였다.

파생어 **testable** 테스트[검사/확인]할 수 있는

815 **sincerely** 團 진지하게, 진심으로, 진정으로
[sinsíərli] 씬씨얼리

sincerely worry about her health 그녀의 건강을 진심으로 걱정하다

I sincerely hope you can pass the driving test.
나는 네가 운전 시험에 합격하기를 진심으로 바란다.

파생어 **sincere** 진지한

816 **aid** 몡 원조, 구원
[eid] 에이드 통 돕다, 거들다

our attempt to aid the dog 개를 도우려는 우리의 시도

Her special aid helped him solve these problems.
그녀의 특별한 도움으로 그는 이 문제들을 풀었다.

파생어 **unaided** 구조를 받지 않은,
유의어 **help** 돕다, 도움, 도와주다

● MEMO

817 **extremely** 　⑨ 매우, 몹시, 대단히, 극단적으로
[ikstríːmli] 익스트리밀리

extremely important 　대단히 중요한

Health is extremely important for our nation's youth.
건강은 우리나라 젊은이들에게 매우 중요하다.

파생어 extreme 　극단적인, 극심한
　　　extremist 　극단론자, 극단론의

818 **wave** 　⑨ 물결, 파도
[weiv] 웨이브 　⑧ 흔들다, 물결치다

mountainous waves 　산더미 같은 파도

The waves were up to three meters high.
파도는 최대 3m 높이였다.

파생어 wavy 　물결의

819 **brilliant** 　⑧ 빛나는, 영리한, 명석한, 멋진
[bríljənt] 브릴리언트

a brilliant necklace 　빛나는 목걸이

I hope you have a brilliant week.
멋진 한 주가 되기를 바랍니다.

파생어 brilliance 　광휘, 광명, 광택
　　　brilliantly 　찬란히, 번쩍번쩍하게

820 **rob** 　⑧ 강탈하다, 빼앗다, 훔치다
[rab] 랍

rob a bank 　은행에서 돈을 강탈하다

After-school classes rob us of time.
보충 수업은 우리의 시간을 빼앗는다.

파생어 robber 　강도

● MEMO

254

스스로의 힘으로 작성해 봅시다.

	English	Korean
01	aid	
02	antique	
03	approve	
04	between	
05	brilliant	
06	dye	
07	emergency	
08	extremely	
09	furthermore	
10	hospital	
11	marathon	
12	rob	
13	sincerely	
14	task	
15	test	
16	thief	
17	ticket	
18	toothpaste	
19	urgent	
20	wave	

● MEMO

821 **masterpiece** 몧 걸작, 명작, 일품
[mǽstərpìːs] 매스털피스

made money through the masterpiece 명작을 통해 돈을 벌었다
Leonardo da Vinci's the Mona Lisa is a masterpiece.
레오나르도 다빈치의 모나리자는 명작이다.

파생어 **master** 주인

822 **update** 몧 갱신, 업데이트
[ʌ̀pdéit] 업데이트 통 새로운 정보를 주다

updated shopping lists 업데이트된 쇼핑 목록들
The updated **movies will be available today.**
업데이트된 영화들을 오늘 볼 수 있다.

823 **reputation** 몧 명성, 평판, 명예
[rèpjutéiʃən] 레퓨테이션

the reputation of the school 그 학교의 명성
She has a good reputation **as a teacher.**
그녀는 교사로서 평판이 좋다.

파생어 **reputable** 평판이 좋은, 훌륭한
　　reputedly 평판에 의하면

824 **stupid** 몧 멍청한, 어리석은, 머리가 둔한, 우둔한
[stjúːpid] 스튜피드

such a stupid thing 그와 같은 멍청한 짓
Does this sound really stupid?
이것이 정말 멍청하게 들리지 않니?

파생어 **stupidity** 어리석음, 어리석은 짓
　　stupidly 어리석게도, 바보 같이

🍀 MEMO

256

825 **silly**
[síli] 씰리

[형] 어리석은, 바보 같은, 어처구니 없는

felt so silly 아주 어리석음을 느꼈다

How silly!
얼마나 바보 같은가!

[유의어] stupid 어리석은, 바보
foolish 어리석은, 바보 같은

826 **zero**
[zíərou] 지로

[명] 영(0), 제로

the zero hour class 0교시 수업

The temperature fell below zero.
기온이 영하로 떨어졌다.

827 **charm**
[tʃɑ́:rm] 참

[명] 매력, 마력
[동] 매혹하다, 매력이 있다, 황홀하게 하다

your sister's charms 네 누나의 매력

Good accessories add to her charm.
좋은 액세서리가 그녀의 매력을 더해준다.

828 **badge**
[bǽdʒ] 배지

[명] 배지, 상징, 증표, 신분증

his police badge 그의 경찰관 배지

His gun was a badge of power for him.
그에게 있어서 자기 총은 권력의 증표 같은 것이었다.

MEMO

829 signal
[sígnəl] 씨그널
- 똉 신호, 시그널
- 똥 신호를 보내다

a traffic signal 교통 신호

At an agreed signal they left the room.
합의된 신호에 따라 그들은 그 방을 떠났다.

파생어 sign 계약하다, 체결하다
　　　signature 서명, 특징, 사인

830 distribute
[distríbju:t] 디스트리뷰트
- 똥 배포하다, 분배하다, 나눠주다

distribute enough pills to the patients 환자들에게 약을 충분히 나눠주다

New textbooks were distributed to us.
우리에게 새 교과서가 배부되었다.

파생어 distribution 분포, 분배, 유통
　　　distributor 배급업자, 유통업자, 판매자

831 crystal
[krístl] 크리스틀
- 똉 수정의
- 똉 수정, 크리스털

my knowledge of crystals 크리스털에 대한 나의 지식

I have a crystal ball on my desk.
나의 책상 위에 수정 구술이 있다.

파생어 crystallize 확고해지다
　　　crystalline 크리스털[수정] 같은

832 shrink
[ʃriŋk] 쉬링크
- 똥 줄다, 수축하다, 감소하다
　　shrink-shrank/shrunk-shrunk

has continued to shrink since 2000 2000년 이래 계속 줄어왔다

South Korea's population quickly shrank.
한국의 인구가 급속히 줄었다.

유의어 reduce 줄이다, 감소시키다
　　　decrease 감소하다, 줄다, 줄어들다

● MEMO

258

833 source
[sɔ́:rs] 쏘얼스
명 원천, 근원, 출처, 소스

a news source 뉴스의 출처

The river takes its source from the lake.
그 강은 호수에 근원을 두고 있다.

---

834 refreshment
[rifréʃmənt] 리프레쉬먼트
명 기분을 상쾌하게 함
명 가벼운 음식물, 다과, 간식

supply refreshments for all of them 그들 모두에게 다과를 제공하다

Movies give me some refreshment.
영화는 나에게 상쾌함을 준다.

파생어 refresh 생기를 되찾게[상쾌하게] 하다

---

835 insurance
[inʃúərəns] 인슈어런스
명 보험

Korea's insurance market 한국의 보험 시장

CEOs from insurance firms were invited.
보험 회사의 최고 경영자들이 초대되었다.

파생어 insure 보험에 들다

---

836 calm
[ká:m] 캄
형 고요한, 차분한
동 ~을 가라앉히다, 평온하게 하다

a calm lake 고요한 호수

Nothing calms me more than chatting with my friends.
친구들과 잡담하는 것만큼 나를 차분하게 해 주는 것은 아무것도 없다.

파생어 calmly 침착하게, 조용히
      calmness 고요, 평온, 평안

🟢 MEMO

837 fee
[fi:] 피   몡 요금, 수수료

a special membership fee 특별 회비

The fee is 10 dollars.
요금은 10달러입니다.

유의어 price 가격, 가격표, 대가
     pay 지불하다

838 politely
[pəláitli] 펄라잇틀리   뿐 예의 바르게, 공손히, 정중하게

politely turned down her offer 그녀의 제의를 정중하게 거절했다

The family politely greets us.
가족이 예의 바르게 우리를 맞이한다.

파생어 polite 예의 바른, 공손한, 정중한
     politeness 공손함, 예의, 정중함

839 pale
[peil] 페일   혱 창백한, 핼쑥한, 흐릿한, 엷은

look pale 창백해 보이다

A big sailing ship looked pale.
큰 범선이 흐릿해 보였다.

파생어 paleness 창백함 , 파랗게 질림
     palely 창백하게, 파랗게 질려

840 overnight
[óuvərnàit] 오벌나잇   혱 밤새의, 익일 배달의
                       뿐 밤사이에

stay overnight 하룻밤 묵다

The sweet potatoes were delivered overnight.
고구마가 익일 배달 되었다.

파생어 night 밤, 저녁, 야간
     nightly 밤의, 밤마다

● MEMO

스스로의 힘으로 작성해 봅시다.

	English	Korean
01	badge	
02	calm	
03	charm	
04	crystal	
05	distribute	
06	fee	
07	insurance	
08	masterpiece	
09	overnight	
10	pale	
11	politely	
12	refreshment	
13	reputation	
14	shrink	
15	signal	
16	silly	
17	source	
18	stupid	
19	update	
20	zero	

● MEMO

841 **government** 몡 정부, 정권 , 정치
[gʌ́vərnmənt] 거벌먼트

be in government 정권을 쥐고 있다

The government is very worried about heavy traffic.
정부는 교통난에 대해 매우 우려를 한다.

파생어 govern 통치하다, 지배하다
governmental 정치의, 행정 기관의, 정부의

842 **infrastructure** 몡 하부 조직, 인프라, 기간산업, 기반 시설
[ínfrəstrʌ̀ktʃər] 인프라스트럭철

build up internet infrastructure 인터넷 인프라를 구축하다

The state should provide this infrastructure.
국가는 이와 같은 기반 시설을 제공해야 한다.

843 **colonel** 몡 대령
[kə́:rnl] 컬늘

a retired Air Force colonel 전역한 공군 대령

The reporters are interested in speaking with that colonel.
기자들은 그 대령과 이야기를 나누고 싶어 한다.

844 **storage** 몡 저장, 보관, 저장 창고
[stɔ́:ridʒ] 스토리지

food storage facilities 식품 저장 시설

The storage place should always be kept clean.
보관 장소는 항상 청결한 상태로 유지되어야 한다.

파생어 store 백화점

● MEMO

845 blush
[blʌʃ] 블러쉬
명 얼굴을 붉힘
동 얼굴을 붉히다, 빨개지다

let my teacher blush 선생님의 얼굴을 붉히게 하다

He blushed for shame.
그는 창피스러워서 얼굴이 빨개졌다.

파생어 blushing 얼굴이 빨개진, 부끄럼을 잘 타는
blushingly 얼굴을 붉혀서, 부끄러운 듯이

846 splash
[splæʃ] 스플래쉬
명 튀김, 튀기기, 튀긴 자국
동 (물·흙탕물 등을) 끼얹다, 튀기다

splash mud to me 진흙을 내게 튀기다

He splashed his face with cold water.
그는 얼굴에 찬물을 끼얹었다.

파생어 splashy 눈에 확 띄는

847 pope
[poup] 폽
명 교황

pay a call on the Pope 교황을 방문하다

The pope prayed for peace in the Middle East.
교황이 중동 평화를 위해 기도했다.

파생어 papal 교황의

848 chirp
[tʃəːrp] 춸프
명 찍찍, 짹짹: 새·벌레의 울음소리
동 찍찍거리다, 짹짹 울다, 지저귀다

sparrows chirp 참새가 지저귀다

The forest is alive with a sparrow chirping.
참새의 짹짹거리는 소리로 숲이 활기를 띠고 있다.

파생어 chirpy 쾌활한, 기분 좋은

● MEMO

849 puddle
[pʌ́dl] 퍼들
  몡 웅덩이

walk over a puddle of water 물 웅덩이를 건너다

She saw the puddles on the ground.
그녀는 땅의 웅덩이들을 보았다.

파생어 puddly 웅덩이가 많은

850 heartbreaking
[háːrtbrèikiŋ] 할트브레이킹
  혱 가슴 아픈, 애끓는, 가슴이 찢어지는 듯한, 감동적인

a heartbreaking scene 애끓는 장면

Her story was so heartbreaking that I cried.
그녀의 이야기가 너무 가슴이 아파 나는 울었다.

851 tweezers
[twíːzərz] 트위절스
  몡 족집게, 핀셋

hold a pair of tweezers in one hand 한 손에 집게를 쥐다

I picked up beads with tweezers.
나는 핀셋으로 콩을 집었다.

852 ethical
[éθikəl] 에씨컬
  혱 도덕적인, 윤리적인

ethical problems 윤리 문제들

She should be more ethical in her choice.
그녀는 선택에 있어 좀 더 윤리적이어야 한다.

파생어 ethically 윤리적으로, 윤리적으로는
　　　 ethic 윤리, 도덕

● MEMO

264

853 **twitter**
[twítər] 트위털

- 명 지저귐, 트위터
- 동 지저귀다

your Twitter **account** 네 트위터 계정

I just read Bill's Twitter's **message.**
나는 방금 빌의 트위터 글을 읽었다.

파생어 **twittery** 잘 지저귀는, 떨리는

854 **workplace**
[wɔ́:rkplèis] 월크플레이스

- 명 작업장, 직장, 일터

move close to her workplace 그녀의 직장 근처로 이사 가다

My father doesn't like to wear a tie at the workplace.
아버지는 직장에서 넥타이 하는 것을 좋아하지 않으신다.

855 **illiterate**
[ilítərit] 일리터릿

- 형 글자를 모르는, 무식한, 문맹의
- 명 문맹

teach English to illiterate **adults** 문맹인 성인들에게 영어를 가르치다

Now there are few illiterates **in Korea.**
이제 한국은 거의 문맹자가 없다.

파생어 **literacy** 읽고 쓰는 능력
literate 읽고 쓸 줄 아는

856 **process**
[práses] 프라세스

- 명 과정, 진행, 공정, 처리

a painful process 고통스런 과정

Fish is mainly processed **for meat.**
물고기는 주로 식용으로 가공 처리 된다.

파생어 **processing** 가공, 처리
processional 행렬의, 행렬에서

🔵 MEMO

857 **involvement** 뗑 관여, 개입, 연루, 참여
[invɔ́lvmənt] 인벌브먼트

continuing involvement   지속적인 관여

Patient involvement is necessary in this clinical test.
본 임상실험에서 환자의 참여가 필요하다.

파생어 involve   관련되다, 참여하다, 연루되다
       involved   관련된, 관여하는, 참가한,

858 **cling** 됭 달라붙다, 매달리다, 집착하다, (냄새·편견 등이) 배다
[kliŋ] 클링   cling-clung-clung

cling to the arm   팔에 매달리다

The smell of chemicals clung to clothes.
화학물질 냄새가 옷에 배어있다.

파생어 clingy   점착성의

859 **arise** 됭 생기다, 발생하다, 비롯되다,
[əráiz] 어라이즈   (앉거나 누운 상태에서) 몸을 일으키다

when the opportunity arises   기회가 생기면

The accident arose on an intersection.
교차로에서 사고가 발생했다

860 **fleet** 뗑 함대, 선단(船團)
[fliːt] 플릿

whaling fleet   포경선 선단

The ceremony took place at the navy fleet headquarters.
해군 함대 본부에서 식이 거행되었다.

파생어 fleetness   빠름, 쾌속
       fleetly   신속히, 빨리

● MEMO

스스로의 힘으로 작성해 봅시다.

	English	Korean
01	arise	
02	blush	
03	chirp	
04	cling	
05	colonel	
06	ethical	
07	fleet	
08	government	
09	heartbreaking	
10	illiterate	
11	infrastructure	
12	involvement	
13	pope	
14	process	
15	puddle	
16	splash	
17	storage	
18	tweezers	
19	twitter	
20	workplace	

🔴 MEMO

861 illusion
[ilúːʒən] 일루전   명 착각, 환영, 환상(환멸)

the illusion of time travel   시간 여행의 착각

This is another type of an audio-visual illusion.
이것은 또 다른 유형의 시청각 환상이다.

파생어 **illusionist** 환각 법을 쓰는 요술사

862 parliament
[páːrləmənt] 팔러먼트   명 국회, 의회

convene a parliament   의회를 소집하다

An agreement needs OK from the European Parliament.
협정은 유럽 의회의 승인을 받아야 한다.

파생어 **parliamentary** 의회의, 의회가 있는

863 hollow
[hɑ́lou] 할로우   형 속이 빈, 공허한   명 움푹한 곳
                  동 속이 비게 하다

a hollow ball   속이 비어 있는 공

The tree trunk was hollow inside.
그 나무 둥치는 속이 비어 있었다.

반의어 **solid** 고체의, 단단한
파생어 **hollowness** 오목한 것 , 속이 텅비어 있는 것

864 excursion
[ikskə́ːrʒən] 익스컬전   명 유람, 소풍, 답사

a recent excursion   최근의 답사

I remembered a store I had seen on my excursion.
나는 소풍 때 본 상점을 기억해 냈다.

파생어 **excursionist** 소풍 가는 사람, 유람 여행자

🍃 MEMO

865 shiver
[ʃívər] 쉬벌

명 떨림, 오한
동 떨다, 와들와들 떨다, 전율하다

give me the shivers 나를 전율케 하다

Most of us have shivered.
우리들 대부분은 떨었다.

파생어 shivery (추위·두려움·병 등으로 몸을) 떠는

866 thermometer
[θərmámitər] 썰마이멀

명 온도계

set up a thermometer 온도계를 설치하다

Mercury was used in thermometers.
수은이 온도계에 사용되었다.

파생어 thermometric 온도계상의, 온도 측정상의

867 expire
[ikspáiər] 익스파이얼

동 끝나다, 만료되다, 기한이 지나다

Your card is about to expire! 카드가 곧 만기야!

Their contracts expire at the end of this season.
이번 시즌이 끝나면 그들의 계약이 만료된다.

파생어 expiration 만료

868 ally
[ǽli] 앨리

명 동맹국, 연합국
동[əlái] 동맹시키다

the United States as Korea's closest ally 한국의 최대 동맹국인 미국

Russia was unable to control its ally.
러시아는 동맹국을 통제할 수 없었다.

파생어 alliance 동맹, 협력, 연합
　　　alliable 동맹할 수 있는

● MEMO

869 pilgrim
[pílgrim] 필그림
명 순례자, 청교도

pilgrims to Jerusa 예루살렘에 가는 순례자

The Pilgrims arrived in the New World in 1620.
청교도들이 1620년에 신세계에 도착했다.

파생어 pilgrimage 순례

870 objective
[əbdʒéktiv] 어브젝티브
형 목적의, 객관적인
명 목표

our major objective in life 우리들 삶의 주요 목표

The interviewers need to have an objective view.
면접관들은 객관적인 견해를 가질 필요가 있다.

반의어 subjective 주관의
파생어 objectively 객관적으로

871 asteroid
[æstərɔid] 애스터로이드
명 소행성, 불가사리

send astronauts to an asteroid 소행성으로 우주비행사를 보내다

Asteroid 2010 RX30 is coming close to the Earth.
소행성 2010 RX30이 지구에 가까이 다가오고 있다.

872 fragrance
[fréigrəns] 프레이그런스
명 향기, 방향(芳香)

the fragrance of flowers 꽃들의 향기

They use fragrances to attract insects.
그들은 곤충을 끌기 위해 향기를 사용한다.

파생어 fragrant 향기 나는

● MEMO

873 rein
[rein] 레인

명 고삐, 제어수단, 구속, 견제
동 고삐로 조종하다, 통제하다, 억제하다

have hold of the reins 고삐를 쥐다

You have to rein in your plans.
계획을 통제해야 한다.

874 trillion
[tríljən] 트릴리언

명 1조(兆), 엄청난 양

trillions of books 무수한 책

The human brain has 1 trillion nerve cells.
인간 뇌는 1조의 신경 세포 조직을 가지고 있다.

875 scramble
[skrǽmbl] 스크램블

명 쟁탈
동 휘저어 익히다, 뒤섞다, 바삐 서둘러서 하다

scramble through one's work 급히 서둘러 일을 해치우다

There was a scramble for Africa in the late 19th century.
19세기 말엽에 아프리카 쟁탈전이 벌어졌다.

876 attachment
[ətǽtʃmənt] 어태치먼트

명 부착, 첨부, 애정

send you an attachment 네게 첨부파일을 보내다

Just click on an e-mail attachment.
이메일 첨부 버튼을 클릭하시면 됩니다.

파생어 **attach** 포함하다, 부착하다, 붙이다
attached 덧붙여진, 첨부된

● MEMO

877 **thunderous** 웹 우레같이 울리는, 우레와 같은, 대단한
[θΛ́ndərəs] 썬더러스

thunderous shouts 우레와 같은 외침

I heard a thunderous sound.
나는 우레와 같은 소리를 들었다.

파생어 thunder 천둥
thunderstorm 뇌우

878 **discipline** 웹 훈련, 규율, 징벌, 학과
[dísplin] 디스플린

establish discipline 규율을 확립하다

She keeps good discipline in class.
그녀는 수업 중에 규율을 잘 잡는다.

파생어 disciplinary 규율상의, 훈련의
disciplined 훈련된, 규율 바른

879 **feast** 웹 축하연, 잔치, 향연, 축제
[fi:st] 피스트　　　　웹 즐기다, 먹다

give a feast 향연을 베풀다

The church had a great feast on Easter.
교회에서 부활절에 크게 축제를 벌었다.

880 **humid** 웹 습한, 습기 있는
[hjú:mid] 휴미드

humid weather 습한 날씨

We can say Korea's summer is humid.
우리는 한국의 여름 날씨는 습하다고 말할 수 있다.

🟢 MEMO

스스로의 힘으로 작성해 봅시다.

	English	Korean
01	ally	
02	asteroid	
03	attachment	
04	discipline	
05	excursion	
06	expire	
07	feast	
08	fragrance	
09	hollow	
10	humid	
11	illusion	
12	objective	
13	parliament	
14	pilgrim	
15	rein	
16	scramble	
17	shiver	
18	thermometer	
19	thunderous	
20	trillion	

● MEMO

881 **treaty**
[tríːti] 트리티

圈 조약, 협정, 협약

a treaty on nuclear weapons 핵무기 관련 협정

The current treaty has never come into force.
현 조약은 결코 시행된 적이 없다.

파생어 treat 대하다

882 **damp**
[dæmp] 댐프

圈 습기 찬, 축축한

her damp black hair 그녀의 축축해진 검은 머리

Are your sneakers still damp?
신발이 아직 축축하게 젖어 있니?

파생어 dampen 축축하게 하다

883 **swallow**
[swɑ́lou] 스왈로우

圈 제비
图 들이켜다, 삼키다

swallow one's words 말을 삼키다, 약속을 지키지 않다

Barn swallows lay three to five eggs at a time.
제비는 한 번에 3~5개의 알을 낳는다.

884 **whisker**
[wískər] 위스컬

圈 (귀밑에서 턱까지 난) 구레나룻 수염, (고양이·쥐 등의) 수염

their wonderful whiskers 그들의 멋진 구레나룻

He was very fond of combing his whiskers.
그는 수염 빗는 것을 매우 좋아했다.

파생어 whiskery 구레나룻이 있는[같은] , 아주 오래된

● MEMO

885 tame
[teim] 테임

휑 길들여진, 순한
동 길들이다

look tame 순해 보이다

I think the players are pretty tame.
나는 선수들은 꽤 길들여져 있다고 생각한다.

반의어 wild 야생의, 거친, 열광적인
파생어 tamer 조련사

886 abbreviate
[əbríːvièit] 어브리비에이트

동 줄여 쓰다, 약어를 사용하다, 간략화하다, 단축하다

abbreviate **to** ~라고 간략하게 쓰다

New York is abbreviated **to N.Y.**
뉴욕은 N.Y.로 약기된다.

파생어 abbreviation 축어

887 handcuff
[hǽndkʌ̀f] 핸드커프

명 수갑

a man in handcuffs 수갑을 찬 남자

A prince is wearing paper handcuffs.
왕자가 종이 수갑을 차고 있다.

888 steep
[stiːp] 스팁

휑 가파른, 급격한, 엄청난

a steep **mountain** 가파른 산

Kevin is walking up to the steep **hill.**
케빈은 가파른 언덕을 걸어 올라가고 있다.

파생어 steeply 가파르게, 급격히
　　　 steepen 급경사지다, 가파르게 되다

● MEMO

889 symptom
[símptm] 씸텀 — 명 증상, 증세, 징후

symptoms of the disease 질병의 징후

The doctor couldn't find any solution to that symptom.
의사는 그 증세의 해결책을 전혀 찾지 못했다.

파생어 symptomatic 증상[징후]을 보이는

890 descendant
[diséndənt] 디 센던트 — 명 후손, 자손

a descendant of slaves 노예의 자손

We have to preserve our culture for descendants.
우리는 후손을 위해 문화를 보존해야 한다.

반의어 ancestor 조상, 선조, 시조

891 diminish
[dimíniʃ] 디미니쉬 — 통 떨어지다, 감소하다, 줄어들다

will diminish your risk 당신의 위험을 줄여 줄 것이다

As time went by, the RCY membership began to diminish.
시간이 지남에 따라 RCY동아리 회원 수가 감소하기 시작했다

반의어 increase 증가하다, 늘리다, 인상되다
파생어 diminution 축소, 감소, 감손

892 prolong
[prəlɔ́ːŋ] 프러렁 — 통 늘이다, 길게 하다, 연장하다, 지속되다

prolong a line 선을 길게 하다

I hope that our relationships will prolong.
나는 우리 관계가 지속되기를 희망한다.

파생어 prolongment 연장, 연기

🍒 MEMO

893 grasp
[græsp] 그래습 · 图 붙잡다, 파악하다, 이해하다

grasp a chance 기회를 붙잡다

Children begin to grasp the concept very quickly.
아이들은 개념을 매우 빨리 이해하기 시작한다.

894 spank
[spæŋk] 스팽크 · 图 찰싹 때리다, 엉덩이를 때리다

spank the buttocks of a baby 아기의 엉덩이를 때리다

In some cases, parents who spank their children are fined.
일부 국가에서는 아이를 때린 부모에게 벌금을 부과하기도 한다.

895 grief
[gri:f] 그리프 · 图 슬픔, 비탄, 애도, 상심

can feel your grief 네 슬픔을 느낄 수 있다

Despite his grief, the scientist put on a smile.
그 과학자는 슬펐지만 미소를 지었다.

파생어 grieve 슬퍼하다

896 virtual
[və́:rtʃuəl] 벌 튜얼 · 图 실질상의, 실제상의, 가상의

3D virtual world 3D 가상세계

Genie is the virtual leader of the country.
지니는 그 나라의 실질적인 지도자이다.

반의어 real 진짜의, 실제의, 진정한
파생어 virtually 사실상, 거의, 가상으로

● MEMO

897 buzz
[bʌz] 버즈

명 윙윙거리는 소리, 웅성거림
통 윙윙거리다

the buzz of bees hunting nectar 꿀을 찾아다니는 벌들의 윙윙거림

I heard a buzz in the room.
나는 방에서 웅성거리는 소리를 들었다.

파생어 buzzing 윙윙거리는, 와글와글거리는

898 primitive
[prímitiv] 프리미티브

형 원시적인, 미개의

primitive life 원시생활

Some primitive men tied bones in their hair.
어떤 원시인들은 머리카락에다 뼈를 묶었다.

반의어 civilized 문명화된
파생어 primitively 원시적으로, 소박하게

899 crater
[kréitər] 크레이터

명 분화구

the crater of a volcano 화산의 분화구

The animals are all living in the crater.
그 동물들은 모두 분화구에서 살고 있다.

900 praiseworthy
[préízwà:rði] 프레이즈월디

형 칭찬할 만한, 갸륵한

a praiseworthy grade 칭찬받을만한 점수

It is praiseworthy that he cleaned the classroom.
그가 교실을 청소한 것은 칭찬해주고 싶다.

● MEMO

스스로의 힘으로 작성해 봅시다.

	English	Korean
01	abbreviate	
02	buzz	
03	crater	
04	damp	
05	descendant	
06	diminish	
07	grasp	
08	grief	
09	handcuff	
10	praiseworthy	
11	primitive	
12	prolong	
13	spank	
14	steep	
15	swallow	
16	symptom	
17	tame	
18	treaty	
19	virtual	
20	whisker	

● MEMO

901 **microwave**
[máikrouwèiv] 마이크로웨이브

형 극초단파의
명 극초단파, 마이크로파, 전자레인지

microwave **cookery** 전자레인지 요리법

The sides of the microwave oven's interior will be damaged.
전자레인지의 내부 면이 파손될 것이다.

902 **upstream**
[ʌ́pstríːm] 업스트림

형 흐름을 거슬러 오르는, 상류의
부 상류에, 강을 거슬러 올라가서

the salmon swimming upstream 강을 거슬러 올라가는 연어들

You are always struggling upstream.
너는 항상 힘들게 거슬러 올라가는 경향이 있다.

반의어 downstream 하류에

903 **abbey**
[ǽbi] 애비

명 대성당, 대수도원, 사원

wait to enter the abbey 성당에 들어가기 위해 기다리다

We stayed five days at a Boston abbey.
우리는 보스턴의 한 수도원에서 5일을 머물렀다.

유의어 monastery 수도원

904 **rip**
[rip] 립

명 (옷의) 터짐, 찢어진 곳
동 찢다, 벗겨내다

rip **up the old clothes** 헌 옷을 잡아 찢다

She ripped out my heart.
그녀가 내 마음을 갈기갈기 찢어 놨다.

🍀 MEMO

905 approximate
[əprάksimət] 어프락시멋

형 대략의, 대충의

the approximate cost 대략적인 비용

The approximate height of the flag was 100 meters.
깃발의 대략 높이는 100m이었다.

파생어 approximately 약~, ~여, 대략
approximation 접근, 근사, 추정

906 hijack
[háidʒæk] 하이잭

동 공중 납치하다, 강탈하다

after being hijacked by pirates 해적들에게 납치된 후

Without their knowledge, their airplane was hijacked.
그들이 알지 못하는 사이에 그들의 비행기가 납치되었다.

파생어 hijacker (비행기나 차량의) 납치범
hijacking 공중[해상] 납치, 강탈.

907 landfill
[lǽndfil] 랜드필

명 매립지, 쓰레기 매립지

the Gimpo landfill 김포 매립지

A golf course was built atop a former landfill.
골프장이 한때 매립지였던 곳 위에 세워졌다.

908 conservative
[kənsә́:rvətiv] 컨설버티브

형 보수적인, 전통적인, 조심스러운
명 보수주의자

become a conservative leader 보수파 지도자가 되다

The conservative Christian Democratic Party has suffered big losses.
보수성향의 기독교민주당이 참패했다.

반의어 liberal 자유주의자
파생어 conservatively 보수적으로, 줄잡아

🔵 MEMO

909 deed
[di:d] 디드   명 행위, 행동, 공적

a kind deed 친절한 행동

Kind words are the flowers, kind deeds the fruits.
친절한 말은 꽃이며, 친절한 행동은 열매이다.

910 thus
[ðʌs] 더스   부 이와 같이, 그러므로, 따라서

can thus learn from failure 그러므로 실패를 통해 배울 수 있다

Thus, you should exercise more.
그러므로, 너는 운동을 더 해야 한다.

911 fume
[fju:m] 퓸   명 연기, 증기, 김, 가스

car exhaust fumes 자동차의 배기 가스

The fumes almost killed me.
나는 그 연기에 질식할 뻔했다.

파생어 fumy 연기가 자욱한

912 shed
[ʃed] 쉐드   동 흘리다, 벗다
shed-shed-shed

shed tears of joy 기쁨의 눈물을 흘렸다

He shed his tough image.
그는 터프가이 이미지를 벗어 버렸다.

파생어 shedding 흘리기, 발산

● MEMO

282

913 posture

[pástʃər] 파스쳘

명 자세, 동작

a good posture 좋은 자세

Walking slowly is good for general posture.
천천히 걷는 것이 전체 자세에 좋다.

파생어 posturize 어떤 자세를 취하다, 포즈를 취하다
postural 자세의

914 perch

[pəːrtʃ] 펄치

명 횃대, 높은 자리
동 (새가) ~에 앉아 있다, 자리 잡다

take one's perch (새가) 횃대에 앉다

An eagle is perching on my left shoulder.
독수리가 나의 왼쪽 어깨에 앉아 있다.

파생어 percher 나무에 앉는 새

915 howl

[haul] 하울

동 울부짖다

hear the wolves howling 늑대들이 울부짖는 것을 듣다

It makes people howl in pain.
그것은 사람들을 고통스러워 울부짖게 한다.

916 weird

[wiərd] 위얼드

형 기이한, 특이한, 이상한

a weird mouse 한 특이한 마우스

He is weirder than me.
그는 나보다 더 이상한 놈이다.

반의어 usual 보통의
파생어 weirdly 초자연으로, 무시무시하게

MEMO

917 optical
[άptikəl] 압티컬

형 눈의, 광학의, 시각의

optical **effects** 시각 효과

Optical **companies like Nikon and Leica are competing.**
니콘이나 라이카 같은 광학회사들이 경쟁하고 있다.

파생어 optics 광학

918 shallow
[ʃǽlou] 섈로우

형 얕은, 얄팍한, 피상적인

a shallow **stream** 얕은 시냇물

Her knowledge and experience are broad but shallow.
그녀의 지식과 경험은 넓지만 얕다.

반의어 deep 깊은, 심, 매우
파생어 shallowly 얕게, 천박하게

919 vault
[vɔːlt] 벌트

명 둥근 천장, 금고 실, [체조] 안마
동 둥근 천장으로 만들다, 뛰어넘다

win a gold medal in men's vault 남자 안마에서 금메달을 따다

Our firewall cannot be vaulted **or broken.**
우리의 방화벽은 뛰어넘거나 파괴할 수 없다.

파생어 vaulter 도약자, 장대 높이 뛰기하는 사람

920 almighty
[ɔːlmáiti] 얼마이티

형 전능한, 대단한

the Almighty **God** 전능하신 하느님

They ask the almighty **for forgiveness.**
그들은 전능하신 분께 용서를 구한다.

파생어 might 힘

● MEMO

284

스스로의 힘으로 작성해 봅시다.

	English	Korean
01	abbey	
02	almighty	
03	approximate	
04	conservative	
05	deed	
06	fume	
07	hijack	
08	howl	
09	landfill	
10	microwave	
11	optical	
12	perch	
13	posture	
14	rip	
15	shallow	
16	shed	
17	thus	
18	upstream	
19	vault	
20	weird	

MEMO

921 stale
[steil] 스테일

형 상한, 싱싱하지 않은, 퀴퀴한, 김빠진

the smell of stale sweat 퀴퀴한 땀 냄새

We don't want to eat stale food at a restaurant.
우리는 음식점에서 상한 음식을 먹고 싶지 않다.

반의어 **fresh** 신선한, 살아있는
파생어 **staleness** 부패, 진부

922 pimple
[pímpl] 핌플

명 여드름, 뾰루지

have pimples 여드름이 나다

A pimple occurred on my face.
나의 얼굴에 여드름이 났다.

파생어 **pimpled** 여드름투성이의, 여드름이 난

923 foe
[fou] 포

명 원수, 적

fight the heavy foe 육중한 적과 싸우다

My foe was victorious against me.
적이 나를 이겼다.

유의어 **enemy** 적, 적군, 원수

924 stew
[stju:] 스튜

명 스튜, 스튜 요리, 찌개
동 끓이다

steamed beef rib stew 쇠갈비 찜

The stew I'm cooking tastes too sugary.
내가 요리하고 있는 찌개는 너무 맛이 달다.

● MEMO

286

925 **cuisine** [명] 요리, 요리법
[kwizí:n] 퀴진

an important part of the French cuisine 프랑스 요리의 중요한 부분

Name the fusion cuisine you like.
네가 좋아하는 퓨전 요리의 이름을 말해봐.

926 **creep** [동] 기어 다니다, 살금살금 움직이다
[kri:p] 크립

creep along the ground 땅을 기어가다

A bug crept into my mouth.
곤충이 내 입안으로 기어들어왔다.

파생어 creepy 오싹하게 하는, 으스스한

927 **unearth** [동] 파내다, 발굴하다
[ʌnə́:rθ] 어널쓰

unearth a hidden treasure 감추어진 보물을 파내다

The teams will joint efforts to unearth historic sites.
그 팀들은 유적지 발굴을 위해서 공동의 노력을 할 것이다.

파생어 earth 지구, 땅, 흙
earthly 세속적인, 지상의

928 **lunar** [형] 달의, 음력의
[lú:nər] 루널

a lunar landing ship 달 착륙선

On the day of Lunar New Year, kids get money.
음력 설날에 아이들은 돈을 받는다.

MEMO

929 extraordinary
[ikstrɔ́:rdinèri] 익스트러올디네리
형 비상한, 유별난, 특별한, 비범한

extraordinary power 비상한 힘

She was a truly extraordinary woman.
그녀는 참으로 비범한 여성이었다.

반의어 ordinary 보통의
유의어 unusual 특이한, 드문, 독특한

930 urban
[ə́:rbən] 얼번
형 도시의, 도심의

urban development 도시 개발

The urban poor see the world differently.
도시 빈민들은 세계를 달리 본다.

반의어 rural 농업의, 시골의
파생어 urbanization 도시화

931 otherwise
[ʌ́ðərwàiz] 아덜와이즈
부 그렇지 않으면, 다른 방법으로

cannot do otherwise than ~하지 않고는 못 배기다

Otherwise, you will be late for school.
그렇지 않으면, 학교에 늦어.

932 disposal
[dispóuzəl] 디스포절
명 처리, 처분, 폐기

garbage disposal 쓰레기 처리

We should not dump waste disposal in the sea.
우리는 폐기물을 바다에 버려서는 안 된다.

파생어 disposable 처분할 수 있는, 쓰고 버릴 수 있는
　　　 dispose 폐기하다, 처리하다

● MEMO

933 suicide

[sú:əsàid] 수어싸이드

㉆ 자살, 자진, 자멸

commit suicide 자살하다

I would like to know more about her suicide.

나는 그녀의 자살 이유에 대해 좀 더 알고 싶다.

파생어 suicidal 자살을 하고 싶어 하는

934 vivid

[vívid] 비비드

㉕ 생생한, 극명한, 선명한

a vivid yellow 선명한 노란색

Tony makes this image vivid.

토니는 이 이미지를 선명하게 만들고 있다.

반의어 dull 지루한, 따분한, 둔한

파생어 vividly 생생하게, 선명하게, 발랄하게

935 mole

[moul] 몰

㉆ 검은 점, 사마귀, 두더지

a mole on her nose 그녀 코 위의 점

Her mole was about the size of a pencil eraser.

그녀의 점은 연필 지우개만만 크기였다.

936 urine

[júərin] 유린

㉆ 소변, 오줌

hold one's urine 소변을 참다

Holding back urine for a long time is not good for your health.

소변을 오래 참는 것은 네 건강에 좋지 않다.

파생어 urinate 오줌 누다

MEMO

937 predict
[pridíkt] 프리딕트
⑧ 예언하다, 예측하다, 예상하다

predict the end of the world 세계의 종말을 예언하다

They could exactly predict the future.
그들은 정확히 미래를 예측할 수 있었다.

파생어 prediction 예측, 추정, 예상
　　　predictable 예언할 수 있는

938 meditation
[mèditéiʃən] 메디테이션
⑨ 명상, 묵상

take deep breaths for meditation 명상하려고 심호흡하다

The deaf can develop inner powers through meditation.
청각장애인들은 명상을 통해 내부의 힘을 키울 수 있다.

파생어 meditate 명상하다

939 mop
[map] 맙
⑨ 대걸레, 자루걸레
⑧ 걸레질하다

a mop and bucket 대걸레와 양동이

My husband mops the floor every day.
남편은 매일같이 대걸레로 바닥을 청소한다.

940 constitute
[kánstitjù:t] 칸스티튜트
⑧ 이루다, 구성하다, 설립하다

constitute a crime 범죄를 구성하다

Twenty-four students constitute a class.
한 반은 24명으로 구성되어 있다.

파생어 constitution 헌법, 규약
　　　constitutional 헌법의, 헌법상의

● MEMO

스스로의 힘으로 작성해 봅시다.

	English	Korean
01	constitute	
02	creep	
03	cuisine	
04	disposal	
05	extraordinary	
06	foe	
07	lunar	
08	meditation	
09	mole	
10	mop	
11	otherwise	
12	pimple	
13	predict	
14	stale	
15	stew	
16	suicide	
17	unearth	
18	urban	
19	urine	
20	vivid	

MEMO

941 commute
[kəmjúːt] 커뮷트

® 통근, 통학
⑧ 출퇴근하다, 통근하다

commute by bus 버스로 통학하다

My commute to work is around 30 minutes.
나의 통근 소요 시간은 30분 정도 된다.

파생어 commuter 통근자

942 superb
[suːpə́ːrb] 수펄브

® 훌륭한, 우수한, 멋진, 최고의

a superb school 멋진 학교

We had a lot of superb students.
우리에게는 우수한 학생들이 많았다.

파생어 superbly 멋들어지게
유의어 excellent 우수한, 아주 훌륭한

943 ultimately
[ʌ́ltimitli] 얼티미틀리

⑨ 마침내, 결국, 최후로, 궁극적으로

ultimately change her 궁극적으로 그녀를 변하게 만들다

Ultimately, the world's teens united.
결국 전 세계의 십대들이 뭉쳤다.

파생어 ultimat 궁극적인, 최종의, 최후의
유의어 eventually 결국, 마침내, 최종적으로

944 equip
[ikwíp] 이큅

⑧ 갖추다, 설비하다, 장비를 갖추다

to be fully equipped 장비를 완전히 갖추다

The factory is equipped with high-tech facilities.
그 공장은 첨단 설비를 갖추고 있다.

파생어 equipment 장비, 기기, 설비
      equipped 갖춘, 장착, 장비

● MEMO

945 **tribe**
[traib] 트라이브

® 부족, 종족, 집단

a native American tribe 아메리카 원주민 부족

Boudicca was a member of the tribe.
부디카는 그 부족의 일원이었다.

파생어 tribal 부족의

946 **transplant**
[trænsplǽnt] 트랜스플랜트

® 이식
⑧ (식물을) 옮겨 심다, 이식하다

transplant a liver 간을 이식하다

The patient received a heart transplant.
그 환자는 심장 이식수술을 받았다.

파생어 plant 식물, 공장, 심다
       planter 심는 사람, 재배자

947 **distinctive**
[distíŋktiv] 디스팅티브

® 특징 있는, 독특한, 뛰어난

a woman with a distinctive voice 특징이 있는 목소리의 여성

Aaron gave his distinctive soft smile to me.
애런은 자신의 특징인 부드러운 미소를 내게 지어보였다.

파생어 distinct 뚜렷한, 다른, 독특한
       distinction 구별, 차이, 차별

948 **strive**
[straiv] 스트라이브

⑧ 애쓰다, 노력하다
       strive-strove-striven/strive-strived-strived

strive for the public interest 공익을 위해 애쓰다

Are you striving to be a better student?
더 나은 학생이 되려고 노력중이냐?

파생어 strife 갈등, 불화, 다툼

🔵 MEMO

949 inhabit
[inhǽbit] 인해빗

동 살다, 거주하다

inhabit Italy 이탈리아에 거주하다

Now 100 bears inhabit the region.
현재 100마리의 곰이 이 지역에 거주하고 있다.

파생어 inhabitant 거주자
파생어 habitat 서식지

950 epidemic
[èpidémik] 에피데믹

형 유행성의
명 전염병, 유행

a cholera epidemic 콜레라의 유행

An epidemic continues to spread.
전염병이 계속 번지고 있다.

951 semester
[siméstər] 시메스털

명 학기

finish his first semester 그의 첫 학기를 끝마치다

I decided my major this semester.
나는 이번 학기에 전공을 정했다.

파생어 semestral 6개월간의, 6개월마다 일어나는

952 compel
[kəmpél] 컴펠

동 억지로 시키다, 강요하다

compel somebody to do 강제로 시키다

You are not compelled to attend every event.
모든 모임에 참석하도록 강요받는 않는다.

파생어 compellable 강제할 수 있는
유의어 force 강요하다, 군대, 힘

● MEMO

953 **exclusive** [형] 배타적인, 독점적인, 상류의
[iksklú:siv] 익스클루시브

exclusive rights 독점권

We have an exclusive clip from the show.
우리는 그 쇼의 독점적인 영상을 가지고 있다.

파생어 exclude 제외하다, 배제하다, 금지하다
유의어 exclusively ~만을 위한, 전적으로

954 **dynasty** [명] 왕조
[dáinəsti] 다이너스티

China's Tang Dynasty 중국의 당나라

Dumplings were introduced during the Goryeo Dynasty.
만두는 고려시대에 들어왔다.

파생어 dynastic 왕조의, 왕가의

955 **decease** [명] 사망, 죽음
[동] 사망하다
[disí:s] 디씨즈

upon somebody's decease ~가 사망하자

Upon your decease the house will pass to him.
당신이 사망하면 그 집은 그가 물려받게 될 것이다.

유의어 die 죽다, 사망하다

956 **ubiquitous** [형] 어디에나 있는, 편재하는, [컴] 유비쿼터스
[ju:bíkwətəs] 유비 쿼터스

become ubiquitous 어디에서나 모습을 나타내다

They will learn more about future ubiquitous services.
그들은 미래 유비쿼터스 서비스에 대해 더 많이 배울 것이다.

파생어 ubiquity| 도처에 있음

MEMO

957 **Hispanic** [형] 라틴계의, 히스패닉의
[hispǽnik] 히스패닉 [명] 라틴 아메리카 사람, 히스패닉

Hispanic viewers 히스패닉 시청자들

The number of Hispanic children has grown.
히스패닉 아이들의 수가 증가해 왔다.

유의어 spanish 스페인의, 스페인어

958 **dormitory** [명] 기숙사, 공동 침실
[dɔ́:rmitɔ̀:ri] 덜미터리

a college dormitory room 대학 기숙사실

We will move out of an apartment into the dormitory.
우리는 아파트에서 나와 기숙사로 옮길 것이다.

959 **sincere** [형] 성실한, 진실한, 거짓 없는, 진심의
[sinsíər] 씬씨얼

your sincere apology 너의 진심어린 사죄

He seemed sincere enough when he said he wanted to help.
도와주고 싶다는 말을 했을 때 그는 분명 진심인 것 같았다.

파생어 sincerely 진정으로
sincerity 진심

960 **swell** [명] 팽창 [동] 붓다, 부풀다, 팽창하다
[swel] 스웰 swell-swelled-swelled/swollen

can make your face swell up more 나의 얼굴을 더욱 붓게 할 수 있다

The buds were beginning to swell.
꽃봉오리가 부풀기 시작했다.

MEMO

스스로의 힘으로 작성해 봅시다.

	English	Korean
01	commute	
02	compel	
03	decease	
04	distinctive	
05	dormitory	
06	dynasty	
07	epidemic	
08	equip	
09	exclusive	
10	Hispanic	
11	inhabit	
12	semester	
13	sincere	
14	strive	
15	superb	
16	swell	
17	transplant	
18	tribe	
19	ubiquitous	
20	ultimately	

● MEMO

961 erect
[irékt] 이렉트
⑧ 세우다, 직립시키다, 건설하다

with ears erect 귀를 쫑긋 세우고

The school will erect a 5m tower near the front gate.
학교는 정문 근처에 5m 높이의 탑을 세울 예정이다.

파생어 erection 직립

962 promptly
[prάːmptli] 프람틀리
⑨ 즉시, 바로, 신속히, 지체 없이

contact the police promptly 신속하게 경찰에 연락을 취하다

Seve promptly met the owner of the sheep.
세브는 즉시 양의 주인을 만났다.

파생어 prompt 빠른
    promptness 신속

963 deteriorate
[ditíəriərèit] 디티어리어레이트
⑧ 나빠지다, 악화하다

continue to deteriorate 계속해서 악화되다

The quality of food can deteriorate rapidly.
음식의 질이 급히 악화될 수 있다.

반의어 ameliorate 개선하다, 개량하다
파생어 deterioration 악화, (가치의) 하락, 저하, 퇴보

964 delete
[dilíːt] 딜리트
⑧ 지우다, 삭제하다, 제거하다, 없애다

delete the user's posting 사용자의 게시를 삭제하다

He deleted some important information.
그는 중요한 정보를 일부 지웠다.

● MEMO

965 **shore**
[ʃɔːr] 쇼얼

뗑 기슭, 바닷가, 해안

sail near the shore 해안 가까이 항해하다

Walking along the shore line, I enjoyed the waves.
나는 해안선을 따라 걸으면서 파도를 즐겼다.

966 **minimal**
[mínimǝl] 미니멀

뗑 최소의, 최소한의

the minimal fees 최소한의 비용

We are living in a nation where government was minimal.
우리는 최소 정부의 나라에 살고 있다.

파생어 minimum 최소, 최저
　　　 minimally 최소한으로

967 **cottage**
[kátidʒ] 카티지

뗑 오두막, 별장

a little pinkpainted cottage 핑크색 칠을 한 한 아담한 오두막집

I threw my birthday party at my family cottage.
나는 가족별장에서 생일 파티를 했다.

968 **feminist**
[féminist] 페미니스트

뗑 여권운동가, 남녀평등주의자, 페미니스트

feminist history in Korea 한국의 여성주의 운동의 역사

Elaine is a feminist scholar who studies women's issues.
일레인은 여성문제들을 연구하는 페미니스트 학자이다.

파생어 feminine 여자다운

● MEMO

969 whereas
[wɛərǽz] 웨얼애즈   웹 ~에 반하여, 그런데, 그러나 (사실은)

She is slender, whereas her sister is fat.   여동생은 뚱뚱한데 그녀는 호리호리하다.

Whereas most of his friends went on a picnic, he stayed in the library.
대부분의 친구들이 소풍을 갔으나 그는 도서관에 남아 있었다.

970 signature
[sígnitʃər] 시그니쳘   형 대표 격인
명 서명, 사인

the signature of the Japanese emperor   일황의 서명

Four-thousand signatures were delivered to the city.
4천 명의 서명이 시에 전달되었다.

파생어 sign 계약하다, 체결하다, 서명하다
signal 신호, 통신, 시작을 알리다

971 simulation
[sìmjuléiʃən] 시뮬레이션   명 모의실험, 모의 가상훈련, 시뮬레이션

a flight simulation game   비행 시뮬레이션 게임

Users enter data into the simulation file.
사용자가 시뮬레이션 파일에 자료를 입력한다.

파생어 simulate ~을 가장하다, ~인 체하다
simulated 모조의, 모의 실험의

972 diameter
[daiǽmitər] 다이애미럴   명 지름, 직경

20 inches in diameter   지름 20인치

There was no difference in diameter.
직경의 차이가 없었다.

파생어 diametral 직경의

● MEMO

300

973 overlap
[òuvərlǽp] 오벌랩

동 부분적으로 ~위에 겹치다, 오버랩 되다

overlapping areas 겹치는 분야들

A total of 20 items were overlapped.
총 20개의 품목들이 겹쳤다.

974 reunify
[rì:jú:nifai] 리유니파이

동 재통일하다, 재통합하다

reunifying the information 정보의 재통합

We hope to reunify with North Korea peacefully.
우리는 북한과 평화롭게 통일되기를 희망한다.

파생어 reunification 재통일

975 shrug
[ʃrʌg] 쉬러그

명 어깨를 으쓱하기
동 (모르겠다, 상관없다는 뜻으로 어깨를) 으쓱하다

just shrug and say 어깨를 한 번 으쓱하고 말하다

He greeted us with a shrug.
그는 어깨를 으쓱하면서 우리를 맞았다.

976 brainchild
[bréintʃàild] 브레인차일드

명 두뇌의 소산, 독자적인 생각, 계획, 창작물, 발명품

the brainchild of a girl 한 소녀의 발명품

The logo was the brainchild of Dr. Kim.
로고는 김 박사의 창작물이었다

● MEMO

977 assemble
[əsémbl] 어쎔블
동 조립하다, 집합시키다, 모이다, 모으다

LG goods assembled in China   중국에서 조립된 LG제품들

People have assembled at the plaza.
사람들이 광장에 모여 있다.

파생어 assembly 국회, 조립, 집회
　　　assembled 모인, 집합된, 결집한

978 deli
[déli] 델리
명 조제 식품, 조제식품점

deli meat   델리 육

She works at a deli counter.
그녀는 가공식품 코너에서 카운터를 본다.

979 retreat
[ritrí:t] 리트릿
명 후퇴, 퇴각, 은퇴
동 물러가다, 후퇴하다, 퇴각하다

retreat to the village   마을로 퇴각하다

Parents tend to retreat once again.
부모들은 한 번 더 물러나는 경향이 있다.

980 random
[rǽndəm] 랜덤
형 무작위의, 닥치는 대로의, 되는대로의
명 무작위, 마구잡이, 되는 대로임

pick a few students at random   무작위로 학생 몇 명을 선택하다

Why are these random acts happening?
왜 이러한 무작위적인 행동이 발생하고 있지?

파생어 randomly 무작위로, 생각나는 대로

● MEMO

스스로의 힘으로 작성해 봅시다.

	English	Korean
01	assemble	
02	brainchild	
03	cottage	
04	delete	
05	deli	
06	deteriorate	
07	diameter	
08	erect	
09	feminist	
10	minimal	
11	overlap	
12	promptly	
13	random	
14	retreat	
15	reunify	
16	shore	
17	shrug	
18	signature	
19	simulation	
20	whereas	

MEMO

981 adolescence (명) 청소년기, 사춘기
[ǽdəlésns] 애덜레슨스

those who are well past adolescence 사춘기가 훨씬 지난 사람들

I have a photo from his adolescence.
나는 그 사람 청년기의 사진이 있다.

파생어 adolescent 청소년

982 toiletry (명) 세면 화장품류, 화장도구
[tɔ́ilitri] 토일리트리

a toiletry bag 세면 화장품 가방

Toiletries are picked at random.
세면용품들이 무작위로 추출되다.

파생어 toilet 변기

983 exceed (동) (~의 한도를) 넘다, ~보다 뛰어나다, 추월하다
[iksíːd] 익씨드

exceed one million 1백 만을 넘어서다

Exceeding this speed limit was so difficult at that time.
이 속도의 한계를 뛰어넘는다는 것은 그 당시에는 아주 어려웠다.

파생어 exceeding 대단한, 과도한

984 mimic (형) 흉내를 내는 (명) 모방자
[mímik] 미믹   (동) 흉내 내다, 묘사하다

mimic his dancing 그의 춤을 흉내 내다

My daughter can mimic singers on TV.
내 딸은 TV에 나오는 가수들의 모창을 할 수 있다.

파생어 mimicry 흉내
    mimicker 흉내내는 사람

● MEMO

985 scarcely
[skέərsli] 스케얼슬리
(부) 간신히, 거의 ~않다, 분명히 ~아닌

scarcely audible 거의 들리지 않는

I can scarcely believe it.
나는 그것을 거의 믿을 수가 없다.

유의어 hardly 거의 ~할 것 같지 않다, 거의 ~아니다

986 association
[əsòusiéiʃən] 어쏘시에이션
(명) 연합, 관련, 협회, 학회

live in close association with nature 자연과 밀접한 관련을 맺고 지내다

My father manages a hotel industry association.
아버지는 호텔업협회를 관리하고 계신다.

파생어 associate 관련시키다
　　　associated 연관된, 관계가 있는

987 engagement
[ingéidʒmənt] 인게이지먼트
(명) 참여, 몰두, 서약, 약혼

his active engagement in social activities 그의 능동적 사회 활동 참여

Their engagement was announced in the local paper.
그들의 약혼은 지역 신문에 발표되었다.

파생어 engage 종사하다

988 fluid
[flúːid] 플루이드
(형) 유동성의, 유동적인
(명) 유동체

a watery fluid 물 같은 액체[유동체]

Drink plenty of fluids when you are sick.
아플 때는 유동체를 많이 마셔라.

반의어 solid 고체의, 단단한
파생어 fluidify 유동[유체]화하다[되다]

● MEMO

989 ecological
[i:kəládʒikəl] 이컬라지컬 · 형 생태학적인, 환경 친화적인

make an ecological park 생태 공원을 조성하다

This land is filled with ecological value.
이 땅은 생태학적 가치가 넘쳐흐른다.

파생어 ecologically ecologically

990 evaporation
[ivæpəréiʃən] 이베퍼레이션 · 명 증발, 기화

the evaporation factor 증발 계수

Is there any link between a dark sky and water evaporation?
어두운 하늘과 물의 증발은 어떤 상관관계가 있나요?

파생어 evaporate 기화하다

991 resemblance
[rizémbləns] 리젬블런스 · 명 닮음, 유사

her close resemblance to a Barbie doll 바비 인형과 많이 닮은 그녀

Their long bodies give them a resemblance to branches.
그들의 긴 몸은 나뭇가지와 유사하다.

파생어 resemble 닮다, 비슷[유사]하다
resemblant 닮은, 유사한

992 tin
[tin] 틴 · 명 주석, 양철 깡통, 통조림

a yellow tin lunch box 노란 양철 도시락

The uncle picked up all the old tins on the street.
삼촌은 길거리에서 낡은 양철 깡통들을 모두 주웠다.

● MEMO

993 veterinarian 명 수의사
[vètərənéəriən] 베터러네리언

a French veterinarian 어느 프랑스 수의사

When the veterinarian came, the animal already stopped breathing.
수의사가 왔을 때 그 동물은 이미 숨을 거뒀다.

994 geometry 명 기하학
[dʒiámətri] 지아머트리

graduate after failing geometry 기하학 과목에서 낙제한 후 졸업하다

The powerful secrets exist in geometry.
강력한 비밀들이 기하학에 존재한다.

파생어 geometrize 기하학을 연구하다
geometric 기하학의, 기하학적인

995 caution 명 주의, 조심, 경고, 신중함
[kɔ́ːʃən] 코우션

give caution to a person ~에게 주의를 주다

We must take caution to gain weight.
우리는 살찌는 것에 주의해야 한다.

파생어 precaution 예방조치

996 clarification 명 설명, 해명, 명시
[klæ̀rifikéiʃən] 클래리피케이션

additional clarifications 추가 해명

Here are a few clarifications about what is going on here now.
지금 여기 돌아가는 사정에 대한 몇 가지 설명이 있다.

파생어 clarify 명백히하다, 분명해지다
clarity 명쾌함, 투명, 맑음

● MEMO

997 carbonate

[kάːrbənèit] 칼버네이트

명 탄산염
동 탄산염화(化)하다, 탄산염으로 바꾸다

calcium carbonate 탄산칼슘

Soda water is a carbonate drink.
소다수는 탄산음료이다.

파생어 carbon 탄소

998 clockwise

[klάkwàiz] 클락와이즈

형 시계 방향의
부 오른쪽으로 돌아

in a clockwise direction 우회전으로

The scientists called it a clockwise direction.
과학자들은 이것을 시계 방향이라고 불렀다.

반의어 counterclockwise 시곗바늘과 반대 방향의

999 distressed

[distrést] 디스트레스트

형 괴로운, 고민하는

distressed with ~으로 고민하고 있는

He was too distressed to answer their questions.
그는 너무 괴로워서 그들의 질문에 대답할 수 없었다.

파생어 distress 고통, 곤란

1000 archeology

[ὰːrkiάlədʒi] 알키알러지

명 고고학

university researches on archeology 대학의 고고학연구

I read a lot of books on archeology, and other fields.
나는 고고학과 기타 분야에 관한 책을 많이 읽었다.

파생어 archeological 고고학의
archeologist 고고학자

● MEMO

스스로의 힘으로 작성해 봅시다.

	English	Korean
01	adolescence	
02	archeology	
03	association	
04	carbonate	
05	caution	
06	clarification	
07	clockwise	
08	distressed	
09	ecological	
10	engagement	
11	evaporation	
12	exceed	
13	fluid	
14	geometry	
15	mimic	
16	resemblance	
17	scarcely	
18	tin	
19	toiletry	
20	veterinarian	

● MEMO